La petite voix

Les Éditions Transcontinental
1100, boul. René-Lévesque Ouest, 24e étage
Montréal (Québec) H3B 4X9
Téléphone : 514 392-9000 ou 1 800 361-5479
www.livres.transcontinental.ca

Catalogage avant publication de Bibliothèque et Archives nationales du Québec et
Bibliothèque et Archives Canada
Cyr, Michèle
La petite voix : comment aiguiser mon intuition et m'en servir tous les jours pour mieux vivre
Comprend des réf. bibliogr.

ISBN 978-2-89472-359-3

1. Intuition. 2. Réalisation de soi. 3. Intuition - Problèmes et exercices. I. Titre.
BF315.5.C97 2008   153.4'4   C2008-941872-7

Révision : Martin Benoit
Correction : Lyne Roy
Conception graphique de la couverture : Studio Andrée Robillard
Illustration de la page couverture : Christiane Beauregard
Mise en pages : Diane Marquette (Centre de production partagé Montréal)
Photo de l'auteur : Paul Labelle
Impression : Transcontinental Gagné

Imprimé au Canada
© Les Éditions Transcontinental, 2008
Dépôt légal − Bibliothèque et Archives nationales du Québec, 4e trimestre 2008
Bibliothèque et Archives Canada

Tous droits de traduction, de reproduction et d'adaptation réservés.

Nous reconnaissons, pour nos activités d'édition, l'aide financière du gouvernement du Canada par l'entremise du Programme d'aide au développement de l'industrie de l'édition (PADIÉ). Nous remercions également la SODEC de son appui financier (programmes Aide à l'édition et Aide à la promotion).

Pour connaître nos autres titres, consultez le www.livres.transcontinental.ca. Pour bénéficier de nos tarifs spéciaux s'appliquant aux bibliothèques d'entreprise ou aux achats en gros, informez-vous au **1 866 800-2500**.

Michèle Cyr

La petite voix

Les Éditions
Transcontinental

DU MÊME AUTEUR

Livre

Que la force d'attraction soit avec toi, Les Éditions Transcontinental, 2007.

Livre audio

Cyr, Michèle. *Que la force d'attraction soit avec toi,* Coffragants, Éditions Alexandre Stanké, 2007, 2 disques compacts.

*À vous, lecteurs,
pour votre courage d'oser l'invisible.*

Remerciements

Bien que ce soit mon deuxième livre, il a nécessité encore plus de « travail » que le premier. Je n'avais pas imaginé le défi auquel je m'attaquais en traitant de l'intuition et je n'y serais pas arrivée sans l'appui de plusieurs personnes à qui je souhaite rendre hommage.

Mon éditeur, Jean Paré, qui m'a de nouveau fait confiance et qui continue de jouer son rôle « ingrat », mais ô combien indispensable, d'éditeur. Merci Jean de ta rigueur et de ton flair pour détecter que « ce n'est pas encore tout à fait au point ». Tu élèves la qualité.

Mon amie Nicole Gratton, auteure de 14 ouvrages, qui est ma complice dans cette aventure d'écriture. Merci Nicole pour tes encouragements et aussi pour ton feedback sur mon manuscrit.

Ma sœur, Dominique Cyr, qui, une fois de plus, a consacré d'innombrables heures à revoir mon manuscrit, deux fois ! Merci Do, tes commentaires ont permis d'ajouter de la clarté et de la simplicité à mes propos.

Ma collègue et amie, Anne Choquette, qui a revu en détail mon manuscrit, deux fois aussi ! Merci Anne, tu as permis un texte cohérent et articulé.

Mathieu de Lajartre, de l'équipe des Éditions Transcontinental, qui a épluché mon manuscrit et suggéré des remaniements. Merci Mathieu, vos questions et commentaires ont permis de rehausser la qualité de mes propos.

Mon réviseur, Martin Benoît, qui a fait un superbe travail de révision. Martin, vous avez su améliorer mon écriture tout en préservant l'essence de mon message et mon style. Bravo !

Ma sœur Joanne Cyr, ma nièce Laurence Rivard, mon amie Sylvie Gervais et mon ami et collègue Paul David, qui ont relu mon manuscrit. Vos commentaires m'ont encouragée à poursuivre la publication de ce livre.

Mon amoureux, Mark Kelly, qui a été là pour moi à chaque instant et qui a enduré les moments d'absence nécessaires à l'écriture de ce livre. Merci Mark pour ta patience et ta foi en moi !

Ma famille et mes amis, qui m'ont soutenue dans cette démarche. Je vous remercie profondément.

Sans oublier les participants à mes conférences qui ont partagé avec moi leurs expériences avec leur intuition grâce auxquelles j'ai pu mieux illustrer ce merveilleux outil. Merci pour votre ouverture.

Avant-Propos

Pourquoi ce livre ?

> Parce que vous ne savez pas... que vous savez.

L'humain est beaucoup plus puissant qu'il ne le réalise. Il dispose d'outils extraordinaires pour vivre heureux. Petit hic : il ne les connaît pas, ou il les connaît mal. Pour ma part, j'ai le profond désir de vivre dans la facilité, la fluidité, la joie et l'abondance. Je suis donc fascinée par l'exploration de cette puissance. Je fais de la recherche pour comprendre, tester et créer des modes d'emploi me permettant d'utiliser et de partager ces outils « humains ».

Dans mon livre *Que la force d'attraction soit avec toi*, j'ai approfondi avec vous le concept de la **force d'attraction** (certains auteurs l'appellent la loi d'attraction). Cette expression désigne la capacité que l'homme a de créer sa réalité avec sa pensée. Dans mon ouvrage, j'ai présenté une méthode en cinq étapes qui permet d'utiliser cette puissance pour créer ce que vous désirez dans votre vie. La quatrième étape de ce mode d'emploi stipule que, pour profiter pleinement de votre force d'attraction et pour réaliser vos aspirations profondes, vous devez agir **à partir de vos intuitions.**

Celles et ceux qui sont intéressés par le processus de création à partir de leur force d'attraction auront donc des outils pour déterminer, à partir de leur intuition, l'action juste à entreprendre pour se rapprocher de leurs désirs. Pour les autres, l'intuition est, au-delà de la force d'attraction, un outil fabuleux à acquérir s'ils veulent vivre heureux et en harmonie avec leur être. Je l'emploie depuis des années et je vous assure que c'est le résultat que j'obtiens.

Mon souhait pour vous

Mon souhait est que vous viviez la vie qui vous convient le mieux, que vous réalisiez vos rêves et vos désirs du cœur, que vous atteigniez vos objectifs grâce à votre puissance intérieure, dont l'intuition fait partie. Ce livre est une invitation à vous ouvrir à la possibilité suivante : vous savez déjà, inconsciemment, ce dont vous avez besoin, ce qui est juste pour vous, comment le créer, et plus encore. Vous avez accès dès maintenant à un outil qui vous permet de **savoir en tout temps ce qui est approprié pour vous.** Si vous désirez avoir une vie qui vous ressemble, sachez que l'intuition vous aidera à y parvenir.

Beaucoup d'entre vous savent qu'ils ont de l'intuition. Par contre, j'entends souvent les gens me dire : « Oui, mais comment savoir si on peut s'y fier ? » C'est assez simple : vous devez découvrir comment votre intuition vous parle **à vous,** comment l'améliorer et comment décoder ses messages.

Je vous propose de découvrir cette démarche dans cet ouvrage.

L'approche

Je présente le monde de l'intuition de façon accessible. Au terme de votre lecture, vous saurez :

- comment fonctionne votre intuition ;
- comment elle communique avec vous ;
- à quoi prêter attention pour l'améliorer ;
- quoi faire pour vous y connecter et capter ses messages ;
- comment interpréter ces derniers et agir en conséquence.

À partir de mes recherches et de mes expériences, ainsi que de celles des gens qui ont participé à mes conférences, j'ai mis au point une méthode simple en quatre étapes pour utiliser l'intuition « sur demande ». Ce mode d'emploi vous montre le chemin à suivre pour profiter de votre intuition tant sur le plan personnel que professionnel. En utilisant cette méthode, les participants à mes conférences ont été surpris de la facilité avec laquelle ils ont établi le contact avec leur intuition. Le défi est de maintenir ce contact. Cela demande de la pratique et, j'ose le dire, une certaine forme de discipline ou, du moins, d'engagement. Il vous faut vouloir écouter cette « petite voix ».

Avant de vous lancer, prenez connaissance de ces quelques renseignements qui faciliteront votre apprentissage.

Des réflexions, des exercices et des exemples

Diverses réflexions et exercices viendront ponctuer votre lecture. Je les ai conçus pour favoriser le déploiement de votre potentiel intuitif. Les réflexions vous aideront à faire le point sur votre disposition intérieure à l'égard de l'intuition. Grâce aux exercices, vous appliquerez les techniques proposées.

Je vous encourage à faire les exercices, qui font toute la différence. Ils vous offrent l'occasion de travailler progressivement, avec votre intuition, dans un environnement « contrôlé ». Si un exercice vous intéresse moins, adaptez-le à votre style et à vos besoins. Vous pouvez aussi choisir de tout lire avant de mettre l'ensemble en pratique. Je le répète, **faites les exercices.** Les résultats vous combleront. Pensez-y. Vous avez accès à un radar fabuleux. Il ne demande qu'à être activé et à détecter les signaux.

La meilleure façon de communiquer les notions liées à l'intuition, c'est de les illustrer. J'ai donc inclus beaucoup d'exemples. Certains sont personnels, d'autres viennent de gens qui ont partagé avec moi leur expérience de l'intuition. Je profite de l'occasion pour les remercier de leur grande générosité.

Tenir un journal d'intuition

Pour maximiser votre apprentissage, tenez un **journal d'intuition.** Grâce à lui, vous comprendrez mieux comment votre intuition communique avec vous. Inscrivez dans votre carnet toutes les intuitions que vous avez, de la plus anodine à la plus importante. Plus vous serez conscient de vos intuitions, plus vous constaterez que vous en avez, et plus vous en aurez. C'est un cercle vertueux qui se met en branle, une façon efficace d'accroître votre confiance en cette ressource. Il n'est malheureusement pas possible d'attendre d'avoir confiance pour l'utiliser. C'est l'inverse : avec l'expérimentation, vous gagnerez en confiance.

Je vous invite aussi à consigner dans votre journal toutes les inspirations, les idées et les flashes que vous aurez. Vous verrez plus tard comme la créativité explose lorsque vous vous connectez à votre intuition. Les inspirations ont, un peu comme les rêves, tendance à se perdre si elles ne sont pas captées sur le moment. En les inscrivant dans votre journal, vous pourrez y retourner et puiser à même toutes les idées géniales que vous aurez eues au fil des semaines. Évidemment, je vous encourage à noter aussi les réflexions que vous aurez eues après avoir fait les exercices proposés.

Que l'exploration commence !

Je vous souhaite de vivre dans la sécurité que procure le fait de savoir que vous avez accès à l'information dont vous avez besoin, au moment où vous en avez besoin.

Découvrez dès aujourd'hui le sentiment incomparable associé au fait de savoir qu'il y a **quelqu'un à la maison**.

Michèle

Table des matières

Introduction
« Il y a quelqu'un à la maison » 19
Le profil des gens intuitifs 25

1
Une vue d'ensemble de l'intuition 29
L'intuition, un GPS sophistiqué 30
Sa description 31
Son fonctionnement 33
Les modes de perception en bref 40
L'intuition spontanée versus l'intuition sollicitée 41
Le processus intuitif en bref 42

2
L'intuition, un atout majeur 43
La sécurité intérieure 43
La justesse 45
La créativité 46

3
Les 4 modes de perception de l'intuition 49
L'intuition sensorielle 50
L'intuition directe 58
L'intuition auditive 62
L'intuition visuelle 65

4
Pour développer son intuition 75
Cultiver les 6 alliés de l'intuition 75
    Allié n° 1 : croyez-y ! 75
    Allié n° 2 : soyez présent à vous-même 76
    Allié n° 3 : soyez calme intérieurement 78
    Allié n° 4 : soyez ouvert à l'imprévu 86
    Allié n° 5 : ayez le courage d'agir 88
    Allié n° 6 : exercez-vous, exercez-vous, exercez-vous 89
Éliminer les barrières à l'intuition 93

5
Le processus intuitif 101
Étape 1
Formulez une question claire 103

Étape 2
Mettez-vous en état de réceptivité 112

Étape 3
Captez et interprétez l'information intuitive 116

Étape 4
Agissez à partir de l'information intuitive 130

6
Avant de clore... 141

Le mot de la fin 147

Annexe 1
Tableau pour clarifier une situation 149

Annexe 2
Tableau d'analyse des informations intuitives 151

Références 153

Introduction

« Il y a quelqu'un à la maison »

●●● Je me mets à écrire ce livre sur l'intuition en 2006. Pendant l'écriture, mue par une pulsion intérieure très forte, je ressens l'urgence de faire plutôt un ouvrage sur la force d'attraction. Je sens que ce sujet doit être traité en priorité, pour publication au printemps 2007. Je ne sais pas pourquoi. Je décide de faire confiance à mon ressenti. J'en parle à Jean, mon éditeur. Il me donne son accord. J'écris *Que la force d'attraction soit avec toi*, qui est publié en mars 2007. Un mois plus tard arrive le livre *Le secret*, de réputation internationale, qui présente la loi d'attraction. C'est là un appui extraordinaire pour mon volume, qu'on a souvent décrit comme le mode d'emploi du *Secret*. Je comprends alors le sentiment d'urgence que j'avais ressenti à l'automne ! Mon intuition m'avait guidée vers un *timing* extraordinaire et un succès en librairie.

●●● Il est 7 h 35. Je me prépare à partir au bureau. Dans le vestibule, alors que j'enfile mon manteau, une petite voix me dit : « Prends ton parapluie. » Je regarde dehors. Le ciel est bleu. Il fait un temps radieux. Je décide d'ignorer cette impression ridicule. Finalement, j'ai une journée de fou. Je mange devant mon ordinateur. Je ne prends pas une minute pour regarder à l'extérieur. À 17 h, je sors du bureau. Il pleut des clous de six pouces.

• • • Je m'en vais animer un atelier de deux jours dans un spa où on ne sert pas de café. J'aime le café. Je prépare donc une petite Bodum. Au moment de partir, je décide de ne pas l'apporter. Je me dis : « De toute façon, c'est certain que je n'aurai pas ce qu'il faut dans ma chambre pour faire bouillir de l'eau. » Une petite voix me dit pourtant : « Apporte-la, sinon tu vas le regretter. » J'ignore ce message. J'arrive au spa, j'entre dans ma chambre et j'aperçois, sur le comptoir de la salle de bain, une bouilloire avec laquelle j'aurais pu faire chauffer de l'eau pour savourer mon café matinal. J'aurais donc dû écouter cette petite voix !

• • • Je suis assise dans mon salon. Il est 19 h. Le mercure indique -26 °C. Il me reste cinq dollars dans mon portefeuille. Une voix me dit : « Va au guichet automatique ce soir. » Je décide de l'écouter, quoique à reculons, car je déteste le froid. Et je suis tellement casanière ! Je vais à la banque. En revenant vers ma voiture, je croise une personne que je désire rencontrer depuis un mois, mais avec qui j'étais mal à l'aise de communiquer. Je remercie la petite voix. Je viens de renouer avec quelqu'un qui me tient à cœur.

• • • Je suis en réunion. Mon équipe me présente un projet. Je me sens mal à l'aise. Quelque chose ne va pas. J'exprime mon sentiment à mes collaborateurs. Ils me demandent : « Qu'est-ce qui ne va pas ? » Je leur réponds : « Je *sais* que quelque chose ne va pas. Je ne peux pas dire *quoi* précisément, mais il y a un pépin, j'en suis sûre. » Comme je n'ai pas d'argument logique pour soutenir mon commentaire, nous allons de l'avant avec le projet. Deux mois plus tard, nous nous plantons solidement. Je me dis : « J'aurais donc dû m'écouter ! »

Qu'est-ce qui se passe ? Qu'est-ce qui me parle ainsi ? Comment faire confiance à ce que je ressens, à ce que j'entends ou aux visions que j'ai parfois ?

Pour trouver une réponse à ces questions, je me lance dans une exploration. Je découvre, au fil des embûches et des réussites, que **mon intuition me parle**. Je réalise que je suis moi aussi « équipée » de cet outil extraordinaire. Wow ! J'en suis ravie. J'ai toujours pensé que je n'en avais pas, que c'était juste bon pour les artistes. Après tout, je suis comptable agréée de formation. L'intuition ne fait pas partie du cursus universitaire ! Vous conviendrez avec moi qu'on fait difficilement pire sur le plan « rationnel ».

Tranquillement mais sûrement, je fais connaissance avec mon intuition. J'ai accès à l'information dont j'ai besoin, **quand** j'en ai besoin. Lorsque je l'écoute, mon intuition me guide vers des décisions qui m'aident à mieux vivre, qui me rendent plus heureuse. Tout devient plus facile, plus fluide. J'éprouve de la joie !

Mes recherches me permettent de comprendre que tout le monde a de l'intuition. Tout le monde. **Vous aussi.** Eh oui ! Vous avez à votre disposition un radar intérieur qui peut vous aider à avoir une vie heureuse. Votre intuition peut vous guider vers l'action juste à effectuer pour créer ce qui vous tient à cœur. Il vous suffit de décider, **dès maintenant,** d'utiliser et d'améliorer cet outil fabuleux. Vous vous créerez ainsi une vie qui respecte l'essence de votre être. Je parle d'essence car, en exerçant votre intuition, vous pourrez en tout temps savoir ce qui est **juste et approprié pour vous,** et vivre une vie pleine et satisfaisante.

C'est possible, je vous l'assure, j'en suis la preuve vivante. De toute façon, la meilleure façon de savoir si cela fonctionne, c'est d'essayer. En raison de ma formation de comptable agréée, j'étais avant tout une femme cartésienne. Mon hémisphère cérébral gauche, communément appelé le « **cerveau gauche** » (la partie analytique et logique), était très développé. J'étais entraînée à penser rationnellement. Dans le monde des affaires, chacune de mes décisions devait être justifiée, expliquée, logiquement défendable. Mon esprit rationnel était valorisé au maximum.

Jusqu'au jour où... j'ai eu le bonheur de travailler dans le monde de l'édition de magazines. J'y ai côtoyé des gens qui pensaient à partir de l'hémisphère droit du cerveau, ou « **cerveau droit** » (la partie intuitive et créative). Fascinée par ce mode de pensée, j'ai osé l'explorer et je me suis laissé influencer par cette façon de percevoir le monde. J'ai découvert, au fil des années, que j'avais moi aussi beaucoup d'intuition.

Je me suis par ailleurs rendu compte que cette voix me guidait souvent de la façon la plus juste dans mes décisions. J'ai compris que j'avais la capacité de m'en servir « sur demande », c'est-à-dire **quand j'en avais besoin**. J'ai commencé à croire que c'était peut-être possible pour moi d'accéder à cette « chose », que je considérais comme accessible aux plus doués seulement.

Je ne suis pas une médium. Je suis une femme ordinaire qui a découvert une grande force en elle : son intuition. Je l'ai apprivoisée au fil du temps. Je la perfectionne chaque jour, comme fait un athlète qui s'entraîne pour une compétition. J'ai appris à garder la connexion ouverte avec elle la plupart du temps. J'y crois de plus en plus. Plus j'y crois, plus elle est présente ; plus je l'écoute, plus je lui fais confiance, plus elle me parle. C'est un beau cercle vertueux.

Je m'en sers constamment, tant sur le plan personnel que professionnel. En fait, je prends rarement une décision sans me connecter à mon radar intérieur pour connaître l'information qui m'aidera à faire le meilleur choix. Par exemple, je l'utilise pour déterminer :

- si j'accepte ou non une invitation, au-delà de toute convention sociale ;
- ce dont j'ai besoin aujourd'hui (je pose cette question au cours de ma méditation matinale) ;
- ce qui ne fonctionne pas dans ma relation avec telle ou telle personne ;
- quel est le moment le plus propice pour faire un suivi, pour démarrer un projet ;
- si je dois accepter un mandat ou non, au-delà de toute considération financière ;
- ce qui manque pour que mon *coaching* soit plus efficace avec un client ;
- si je m'associe à telle ou telle personne ;
- etc.

En fait, je l'utilise tout le temps.

À force d'expérimenter, vous constaterez que vous pouvez faire appel à votre intuition dans la majorité des situations. C'est un atout énorme, un outil intégré qui guide vos pas à tout moment vers ce que vous voulez créer, réaliser ou accomplir dans votre vie. Rien de moins !

Par exemple, vous pouvez vous servir de votre intuition pour :

- savoir ce dont vous avez besoin afin de traverser une période difficile ;
- choisir entre diverses solutions à un problème ;
- savoir ce que vous avez besoin de faire ou de dire afin d'améliorer une relation ;
- sentir ce que l'autre ressent devant un événement ;

- sentir ce qui, dans une situation donnée, n'est pas dit et déterminer le prochain pas à faire ;
- connaître les besoins de vos enfants ou de vos employés dans le contexte de la réalisation d'un projet ;
- savoir lorsqu'un projet ne fonctionnera pas et déterminer ce qu'il faut faire pour le remettre sur les rails ;
- connaître le moment propice pour demander une augmentation salariale ou de nouvelles responsabilités ;
- déterminer de quel soutien votre adolescent a besoin afin de traverser une crise ;
- améliorer votre relation avec votre conjoint en sentant où il en est, ce qui va et ce qui ne va pas ;
- savoir, dans n'importe quelle situation, s'il est préférable d'avancer, d'attendre ou de reculer ;
- choisir la meilleure destination de vacances et le meilleur hébergement ;
- etc.

Comme vous pouvez le constater, les possibilités sont multiples. En fait, vous n'êtes limité que par votre imagination.

L'emploi de mon intuition m'a bien servie. Ses effets sur ma vie sont extraordinaires. Je connais une paix et une sécurité intérieures de plus en plus grandes, car **je vis en harmonie avec mon essence, ma nature profonde.**

En ce qui concerne l'intuition, ma croyance se résume ainsi :

**Je sais que je vais savoir
ce que je dois savoir
quand ce sera le temps de le savoir.**

Quand je parle d'intuition, j'aime dire : « Il y a quelqu'un à la maison. » **Je suis là pour moi.** Je suis réceptive aux messages du guide qui m'aide à vivre dans la facilité, la fluidité, la joie et l'abondance. Je suis là pour sentir, voir, entendre ou savoir ce qui se passe. Je suis présente à moi, à ce qui se passe en moi et à ce qui se passe autour de moi.

C'est garanti : si vous prenez la peine d'ouvrir votre « canal de l'intuition », si vous apprenez à décoder les messages de ce radar intérieur, vous en récolterez beaucoup de bienfaits. Il y aura quelqu'un à la maison pour vous aussi.

Le profil des gens intuitifs

- Suzanne pense fréquemment à Margot. Elle décide de l'appeler. Margot est ravie de l'appel. Voilà plusieurs jours qu'elle souhaitait téléphoner à Suzanne pour lui demander conseil, mais elle n'osait pas la déranger.

- Je suis assise dans mon salon. Je ressens le désir d'aller à la fenêtre. J'écoute cette pulsion. Je vois le camion de la Guignolée, qui ne s'est pas arrêté devant chez moi pour ramasser mon panier de victuailles. J'arrive à temps pour donner celui-ci à l'équipe. J'épargne ainsi un temps précieux, car je ne serai pas obligée d'aller porter mon panier.

- Je lis un livre. Il est 23 h, l'heure à laquelle je me couche. J'ai un rendez-vous avec une cliente tôt le lendemain. Je sens que je dois poursuivre ma lecture malgré l'heure tardive. Je fais confiance à ce feeling.

    Le lendemain, pendant la séance de *coaching*, j'utilise l'information précise que j'ai lue la veille. Ma séance avec ma cliente en devient plus efficace et plus percutante. Grâce à mon intuition, j'ai reçu les renseignements dont j'avais besoin, sans même savoir que j'en aurais besoin. C'est comme le concept de *juste-à-temps* utilisé pour gérer le cycle de production et d'approvisionnement d'une entreprise.

Comment cela se passe-t-il pour les gens intuitifs ? Que font-ils précisément ? Aimeriez-vous leur ressembler ? C'est certainement possible. Allons voir de quoi il s'agit.

1. *Ils connaissent leur processus intuitif.* Ils savent comment leur intuition leur parle et comment interpréter ses messages. Pour l'un, c'est un feeling ; pour l'autre, une voix intérieure, etc. Chacun a sa façon de percevoir ses intuitions. Ces gens connaissent la leur.

2. *Ils restent connectés à leur intuition en tout temps.* Ils connaissent la meilleure façon de rester en contact avec leur intuition. Ils laissent leur radar ouvert pour capter les messages. Ils y sont ouverts et attentifs. *Il y a quelqu'un à la maison.*

3. *Ils font confiance à leur intuition.* Ils savent, sans l'ombre d'un doute, qu'ils sont assistés par un guide intérieur qui leur dit à tout moment ce qui est bon pour eux. Ils savent qu'ils ont accès à l'information nécessaire **quand ils en ont besoin.** Ils sont également certains que leur intuition les guide vers ce qu'il y a de meilleur pour eux.

4. *Ils agissent à partir des renseignements reçus de leur intuition.* Ils acceptent que cette information puisse être différente de ce qu'ils avaient prévu. Ils profitent de la nouvelle information mise à leur disposition pour changer leur plan de match. Ils composent avec l'imprévu. Ils sont flexibles et courageux.

Vous aussi pouvez vivre intuitivement en acquérant ces habiletés. Il vous suffit de comprendre votre processus intuitif et de l'expérimenter.

Quand vous adoptez un mode de vie intuitif, votre angle de vision s'élargit de façon significative. Les barrières du mental disparaissent. Cet état d'esprit vous permet de percevoir une multitude de possibilités inaccessibles autrement. Vous voyez ce que vous ne voyiez pas auparavant. Une ouverture se crée par rapport à la vie. Vous percevez les événements sous un angle élargi et différent. L'efficacité s'installe. Vous n'êtes plus coincé dans vos plans. Vos décisions sont davantage adaptées à vos besoins, à votre état.

Vous laissez être ce qui demande à être.

Votre rôle consiste à capter ce qui est là. Lorsque vous êtes en mode intuitif, que le canal est ouvert, vous percevez des solutions novatrices et créatives. Les possibilités se multiplient. Vous n'avez plus de barrières. Vous êtes à la fois **créatif, ouvert** et **flexible**. Vous acceptez de vous **laisser surprendre par la vie.**

Vivre intuitivement rend les choses plus faciles, plus fluides. Tout se passe avec aisance et bonheur. Vous savez ce qu'il faut faire et quand le faire. C'est comme si quelqu'un se chargeait d'orchestrer le grand scénario de votre vie. C'est normal, après tout : il y a quelqu'un à la maison ! Quand vous êtes connecté à votre intuition et que vous lui faites confiance, vous savez sans l'ombre d'un doute ce que vous devez faire dans une situation donnée.

Voulez-vous en savoir plus ? Parfait. Allons explorer le fonctionnement de l'intuition.

1
Une vue d'ensemble de l'intuition

● ● ●   Serge travaille à un projet de construction. Certains collaborateurs sont difficiles à joindre. Voilà des jours qu'il doit communiquer avec Marc-André, un architecte réputé. Il ne l'a pas encore fait. Tout semble plus urgent que cet appel. Ce matin-là, à son réveil, il sent que c'est le temps d'entrer en contact avec Marc-André. À son arrivée au bureau, il l'appelle. Marc-André décroche. Il part aujourd'hui même en voyage. Serge règle son dossier de façon efficace et rapide.

● ● ●   Je sors d'un rendez-vous à Outremont. Je sens une pulsion intérieure qui me pousse à aller vers la rue Bernard, une artère commerciale de ce quartier. J'entends aussi une voix intérieure qui me dit : « Va rue Bernard ; tu y rencontreras quelqu'un que tu connais. » Je me dirige donc vers cette rue. Je cherche une personne que je connais. Personne à l'horizon. J'entre dans un magasin. En sortant de la boutique, je rencontre mon filleul, Charles Édouard. Voilà trois jours que j'avais prévu l'appeler en vue d'organiser une sortie pour sa fête, mais je n'en avais pas encore eu le temps. Je règle les détails de façon efficace.

• • •   Chantal travaille à son plan d'affaires pour son entreprise. Elle n'arrive pas à mettre tous les éléments en place. Elle sent qu'il lui manque quelque chose. Elle décide de faire confiance à son feeling et de laisser son plan d'affaires de côté pour quelques jours. Le lendemain lui parviennent les renseignements qui étaient nécessaires à la finalisation du plan. Elle termine le tout facilement et efficacement, dans les délais prévus.

Je vous propose maintenant une brève exploration de l'univers de l'intuition. Vous comprendrez ce qu'elle est et comment elle fonctionne. Ces explications vous serviront de toile de fond pour mieux saisir les bienfaits de l'intuition ainsi que son mode de fonctionnement.

L'intuition, un GPS sophistiqué

Voici une métaphore pour mieux saisir les notions qui suivront.

Comme une image vaut mille mots,

vous êtes un GPS hautement sophistiqué.

Un GPS (*global positioning system*) est un système de navigation portatif. En français, on appelle cet appareil « dispositif mondial de localisation ou de positionnement ». À l'aide d'images et d'instructions verbales, il vous indique où vous êtes et comment vous rendre à la destination désirée. Pour évaluer votre position, le GPS se connecte à des satellites reliés à des bases de données mondiales. À l'aide d'un ordinateur intégré, il analyse l'information captée, choisit la meilleure route à suivre et transforme ces renseignements en instructions vous permettant de vous rendre à destination.

L'intuition fait à peu près la même chose. C'est **votre dispositif de navigation personnel**. Cet outil vous montre :

- où vous en êtes quant à une situation, à un désir, à un rêve, etc. ;
- comment combler vos besoins, exaucer vos désirs. Il utilise des images, des instructions verbales, des sensations et de l'information directe pour vous indiquer le chemin à prendre.

Comme le GPS, vous captez des informations intuitives et, à l'aide de votre ordinateur intégré, vous les décodez et vous obtenez des instructions pour vos actions. Par ailleurs, vous êtes plus sophistiqué qu'un GPS : vous avez davantage de modes de communication et vous pouvez traiter un nombre illimité de situations.

Bref, gardez à l'esprit l'image du GPS pour vous aider à mieux saisir ce qu'est l'intuition.

Sa description

L'intuition est une sagesse intérieure, un sens inné, comme un sixième sens. Elle vous dit ce qui est juste et approprié pour vous en toutes circonstances.

Elle ressemble à un sage qui vous connaît mieux que vous-même et qui a accès à de l'information que vous n'êtes même pas conscient d'avoir. Imaginez que vous avez, à l'intérieur de vous, un **grand sage** (un genre de GPS) dont la mission est de vous soutenir dans toutes vos décisions.

- C'est votre boussole intérieure, votre compagnon de route.

- Il connaît votre potentiel, vos talents, vos dons.
- Il sait comment vous pouvez employer ces derniers.
- Il connaît aussi vos aspirations profondes.
- Il sait ce que vous avez le pouvoir de créer.
- Il connaît le chemin le plus efficace pour atteindre vos objectifs.
- Il est toujours disponible.
- Il est là pour vous.
- Il a accès à toute l'information dont vous avez besoin pour vivre la vie dont vous rêvez.

**Ce grand sage, c'est votre système de navigation personnel.
Il est là pour vous guider afin que vous puissiez
vivre avec justesse, en harmonie avec vous-même
et avec votre puissance.**

L'intuition vous guide vers ce que vous avez à vivre dans le moment présent. Ses messages visent votre plus grand bien et votre évolution. Il est possible, cependant, que vous les compreniez mal en raison d'une interprétation erronée, d'une question mal posée ou de l'écoute d'une « mauvaise voix ». J'aborderai ces aspects dans les chapitres suivants.

L'intuition est personnelle ; ce qui est bon pour vous ne l'est pas nécessairement pour les autres. En ce sens, ne soyez pas surpris si les gens ne sont pas tous d'accord avec certaines de vos décisions.

Votre intuition communique avec vous à partir de vos cinq sens. Elle rend souvent possible la compréhension globale et instantanée d'une situation, d'une problématique ou d'une solution. Parfois, elle est inexplicable ; c'est comme une sorte de connaissance innée : **vous savez que vous savez.**

L'intuition vous permet de profiter d'un GPS intégré qui vous guide pas à pas pour maintenir le cap sur ce que vous voulez créer dans votre vie. Je vous l'ai dit, c'est un outil fabuleux !

Vivre sans son intuition, c'est comme piloter un avion sans l'assistance de son GPS.

Son fonctionnement

L'intuition fait présentement l'objet de recherches scientifiques un peu partout dans le monde. Certaines sont concluantes, d'autres moins. Le fonctionnement précis de l'intuition demeure mystérieux, surtout en ce qui a trait aux mécanismes de perception. D'une part, les experts des neurosciences ne comprennent pas encore complètement le fonctionnement du cerveau. D'autre part, dans le domaine de la physique quantique (l'étude de l'infiniment petit), on explore le phénomène de l'intuition, on avance des hypothèses, mais on n'a pas encore de théories ou de lois précises en ce qui la concerne.

Pour ma part, je crois en l'intuition au-delà des preuves scientifiques. Je sais qu'elle existe. J'aimerais comprendre précisément son fonctionnement, mais le fait que je ne le connaisse pas n'enlève rien à mon efficacité quand j'utilise mon intuition. En fait, cela m'aide même peut-être un peu, car mon « mental » n'est pas dans le chemin…

Avant que l'homme énonce la théorie de la gravité, la gravité était déjà à l'œuvre. C'est la même chose pour bon nombre de phénomènes. Ils ont lieu même si on ne connaît pas encore leur mode de fonctionnement. Pourquoi attendre une loi ou une théorie scientifiques et ainsi se priver des bienfaits de l'intuition ? Lorsque j'ai commencé mes explorations dans ce domaine, j'ai décidé de faire mes propres expériences. À partir de ce que j'avais lu et testé, j'ai décodé la façon dont fonctionne mon intuition. J'ai compris comment je recevais ses messages, ce qu'ils voulaient dire, etc. J'ai choisi de croire, même s'il n'y a pas encore de preuve scientifique définitive. Je vous encourage à faire vos expériences. À vous de décider.

Dans les prochaines pages, je vais partager avec vous quelques éléments du fonctionnement de l'intuition, tels que je les comprends selon mon point de vue « non scientifique ». Ils m'aident à mieux utiliser mon intuition. Certains éléments font encore l'objet de recherches scientifiques. Il est donc possible que, plus tard, les savants découvrent que le fonctionnement de l'intuition diffère de ce que je vous présente ici.

Le cerveau

L'être humain possède un cerveau composé de deux hémisphères. Chacun vous donne accès à des aspects bien différents de votre potentiel. Je m'inspire de la description de Mona Lisa Schulz, médecin et auteure du livre *Le réveil de l'intuition,* pour vous l'expliquer. D'une part, il y a **l'hémisphère gauche**, le siège de la pensée rationnelle et de la logique. C'est ce que j'appellerai le « cerveau gauche ». Cet hémisphère a les caractéristiques suivantes : il est séquentiel, rationnel, linéaire, logique, analytique. Il interprète les informations qu'il reçoit. On le qualifie de plus masculin que l'autre.

D'autre part, il y a **l'hémisphère droit**, le siège de l'intuition et de la créativité. C'est ce que j'appellerai le « cerveau droit ». Il relève du domaine de l'irrationnel, de l'illogisme, du non-linéaire et du désordre. Il est plus réceptif, plus visuel que le gauche, et il a la capacité particulière de percevoir les situations, les événements, les informations dans leur globalité. Il est créatif. Il se concentre sur les émotions et les sensations corporelles. On le considère comme plus féminin que l'autre. À l'aide de cet hémisphère, vous percevez l'information intuitive.

Quand j'utilise l'expression « en mode cerveau droit », je vous invite à vous connecter à la partie créative de votre cerveau, à percevoir l'information à partir de l'intuitif. Imaginez-vous en train d'activer votre GPS. Vous verrez à l'étape 2 du processus comment vous mettre en mode cerveau droit.

Quand je parle de « mode cerveau gauche », je fais référence au raisonnement logique, rationnel. Vous décodez alors l'information intuitive de façon plus logique. C'est votre ordinateur intégré. Pour une utilisation optimale de l'intuition, les deux hémisphères sont d'égale importance.

En effet, pour recevoir les messages de l'intuition, vous devez vous mettre en mode cerveau droit, donc en mode intuitif de réception, et laisser les informations, les impressions et les sentiments venir à vous, sans aucun jugement, sans aucune analyse ni interprétation. Puis, lorsque la captation de l'information est complète, vous devez passer en mode cerveau gauche, celui de l'analyse, pour interpréter les messages de votre intuition et décider des actions à accomplir.

Les chapitres suivants vous expliqueront comment vous mettre en mode de réception pour percevoir l'information intuitive et pour l'interpréter.

L'homme versus la femme

Mona Lisa Schulz explique que les femmes accèdent plus facilement que les hommes à l'hémisphère droit du cerveau et qu'elles se connectent plus aisément, de façon simultanée, à l'un et à l'autre hémisphère. Les hommes ont tendance à n'utiliser qu'un hémisphère à la fois. Cela s'explique par le fait que les femmes ont un *corpus callosum* (corps calleux : réseau de fibres nerveuses qui relient les deux hémisphères du cerveau) plus développé que celui des hommes. Elles disposent donc de plus de connexions reliant les deux hémisphères et sont plus libres d'accéder à l'un et à l'autre. Cette explication permet de mieux comprendre la croyance selon laquelle l'homme ne peut faire qu'une chose à la fois.

Alors mesdames, ne demandez pas à votre conjoint de faire la vaisselle et d'observer en même temps la beauté du jardin par la fenêtre. Il en sera incapable. Désolée messieurs, je n'ai pas pu résister !

Comme certaines intuitions nous parviennent par les émotions et le ressenti, il est possible, en raison de l'éducation reçue, que les femmes aient plus de facilité que les hommes à capter l'information intuitive. Cependant, je connais des hommes très intuitifs et des femmes très rationnelles. Selon moi, c'est un mythe que de croire que les femmes sont plus intuitives que les hommes.

Le cœur

Des recherches montrent que le cœur joue un rôle important dans la perception intuitive. En fait, on semble penser qu'il est plus important que le cerveau dans ce domaine.

Selon les experts de l'Institut HeartMath, le cœur possède un système indépendant du système nerveux et influe sur tous les autres appareils du corps. Si vous faites un exercice permettant d'atteindre une « cohérence cardiaque », tous les systèmes (incluant l'esprit et les émotions) entrent en alignement avec le cœur. Ainsi, vous pouvez accéder à **l'intelligence intuitive du cœur.** La cohérence cardiaque est l'exercice que je vous propose à l'étape 2 (page 113) ; en faisant ce dernier, vous pourrez vous mettre en mode cerveau droit. Il aide vraiment à capter les intuitions.

Ces constats ne sont pas étonnants. Ils viennent confirmer la croyance populaire selon laquelle il faut suivre son cœur pour être heureux.

Si le sujet vous intéresse, parcourez ce livre fascinant : *L'intelligence intuitive du cœur : la solution HeartMath*, de Doc Childre et Howard Martin.

Récapitulons : nous savons maintenant que le cerveau et le cœur jouent un rôle important sur le plan de l'intuition. Allons un peu plus loin grâce à la physique quantique, qui donne des pistes additionnelles sur la façon dont s'opère la perception intuitive et sur la provenance de l'information.

L'intuition et la physique quantique

La physique quantique, qui est un ensemble de théories élaborées au XXe siècle pour rendre compte de phénomènes physiques à l'échelle atomique et subatomique (l'étude de l'infiniment petit), poursuit ses recherches pour mieux comprendre comment et où l'intuition puise son information. Ce domaine est en évolution constante. Je vous présente mon interprétation de quelques pistes. Comme je l'ai déjà mentionné, ces résultats ne sont encore que des hypothèses. Il reste de grands pas à franchir pour éclaircir le fonctionnement de l'univers et de la conscience. Vous verrez que les lois de la physique quantique contredisent souvent de manière radicale celles de la physique classique.

Vous n'avez pas besoin de vous intéresser aux concepts suivants pour mettre en pratique la méthode que je propose. Ne vous inquiétez pas. Cela dit, si l'aspect scientifique de la question vous fascine, je vous invite à lire deux livres : *L'univers informé : la quête de la science pour comprendre le champ de la cohérence universelle*, de Lynne McTaggart, et *Science et champ akashique*, d'Erwin Laszlo.

Les diverses recherches tendent à montrer ce qui suit :
- Tout ce qui nous entoure est énergie. Tout est onde. Tout vibre.

- Les humains sont aussi énergie. Ils ont une vibration qui leur est propre.

- Les humains sont reliés au même grand champ énergétique. Par exemple, il peut arriver que vous entriez dans une maison ou dans un magasin et que vous vous sentiez mal, ou encore, que vous soyez mal à l'aise avec une personne sans trop savoir pourquoi. Vous êtes en relation avec l'énergie de cette maison ou de cette personne, et vous y réagissez. Vous obtenez de l'information intuitive. Vous êtes donc en relation de façon énergétique avant de l'être de façon physique. La science et la spiritualité sont en train de se rejoindre. Les chercheurs commencent à confirmer ce que les grands philosophes disent depuis des siècles : « Nous sommes un. »

- L'information sur tout ce qui a été (le passé), tout ce qui est (le présent) et tout ce qui sera (l'avenir) est accessible dans un **champ de connaissance universelle**. Certains vont jusqu'à dire que tout ce qui a existé, tout ce qui existe et tout ce qui va exister est **présent** dans ce champ. Il suffit d'aller y puiser l'information.

- En tant qu'êtres énergétiques, les humains ont la capacité de capter, à même ce champ, de l'information non accessible par le mental. C'est comme s'ils étaient des GPS. Par exemple, il est fréquent que deux inventions se fassent simultanément dans le monde. Selon la théorie du champ, les deux chercheurs qui ont fait la découverte ont accédé en même temps à l'information contenue dans le champ.

C'est un « peu flyé », mais avouez que c'est absolument fascinant sur le plan des possibilités. Imaginez que vous ayez accès à toute cette information !

Je récapitule. Comme vous êtes énergie, vous avez accès à toute l'information contenue dans l'énergie qui vous entoure et dans le champ de connaissance universelle. Que ce soit à propos des choses, des personnes ou des connaissances, vous pouvez obtenir toute l'information incluse dans ce champ énergétique… si vous choisissez de le faire.

Vous avez accès à :

- *l'information que vous portez en vous* (souvent sans en être conscient), par exemple, des expériences que vous avez emmagasinées sans vous en rendre compte. Le cerveau enregistre beaucoup plus que ce que vous êtes capable de conserver dans votre « mémoire vive ».

- *l'information contenue dans le champ de connaissance universelle*, par exemple, une solution créative à un problème sans même que vous sachiez quoi que ce soit sur le sujet. Un jour, un ami me parle d'une machine qu'il veut acheter aux États-Unis. Je ne connais rien de cet engin. Pourtant, je le vois dans ma tête. Je le lui décris. Selon mon ami, ma description est rigoureusement exacte.

- *l'information que l'autre porte en lui*. Vous pouvez ressentir l'émotion de l'autre, sa colère, sa douleur, sa joie, etc. Vous pouvez connaître, à propos de cette personne, de l'information qu'elle ne vous a jamais communiquée.

C'est fascinant. Je vous l'ai dit, vous êtes puissant. Un vaste réseau de données est accessible à tout moment pour vous aider à connaître ce qui est juste pour vous, pour vous montrer comment vous rendre à destination. À l'aide de votre GPS personnel, vous captez une multitude de renseignements et vous y accédez. Pas mal, hein ?

Bon, assez de folies. On revient au pratico-pratique.

Les modes de perception en bref

Votre intuition vous parle de différentes façons. La compréhension des quatre modes de perception vous permettra de découvrir celui qui vous est le plus accessible.

Je vous les présente d'abord brièvement, afin que vous ayez une vue d'ensemble. Chaque mode sera ensuite exploré en détail au chapitre 3. Au chapitre 5, nous explorerons le processus intuitif ; vous aurez l'occasion de faire des exercices et de déterminer précisément votre ou vos modes dominants.

Les intuitions revêtent quatre formes :

- *L'intuition sensorielle* : ce mode de perception se manifeste d'abord par une sensation physique ou une émotion, que vous décodez ensuite au moyen de vos pensées. Votre corps agit comme un immense radar et capte ce qui l'entoure.

- *L'intuition directe* : selon ce mode de perception, vous captez de l'information sans éprouver de sensation physique ni recevoir de stimulus extérieur. Soudainement, vous savez ! Ce type d'intuition prend la forme d'une pensée, qui ne s'accompagne ni de sensation, ni de voix, ni de vision. Il consiste simplement en une connaissance instantanée, directe. Si on vous demande comment vous savez telle chose, vous ne pouvez pas répondre. Pourtant, vous savez que vous savez ! Vous en avez la certitude.

- *L'intuition visuelle* : ce mode de perception est fait d'impressions visuelles que vous captez au moyen d'images, de symboles ou de photos, un peu comme si vous regardiez un écran de télévision. Il vous envoie des images que vous captez sans les interpréter. Vous les décodez par la suite. Certains messages obtenus dans les rêves font partie de cette forme d'intuition.

- *L'intuition auditive* : les impressions perçues par le canal de l'intuition auditive sont semblables à une musique douce, à une voix étouffée qui vous parviendrait par des écouteurs, ou à une voix qui vous soufflerait des mots à l'oreille. Pour percevoir selon ce mode, vous devez porter votre attention vers l'intérieur et écouter ce qui est dit.

L'intuition spontanée versus l'intuition sollicitée

Chacun des modes de perception peut se manifester de façon spontanée ou sollicitée.

Dans le cas de l'intuition spontanée, vous éprouvez soudainement une impression. Par exemple, vous allez déposer un chèque et vous sentez tout à coup qu'il est sans provision. Vous le déposez quand même. Le chèque rebondit. Vous avez reçu une information intuitive **spontanée**. Beaucoup d'intuitions arrivent ainsi.

Dans le cas de l'intuition sollicitée, vous posez une question à votre GPS pour connaître une information. Par exemple, dans une interaction avec quelqu'un, vous sentez un inconfort. Vous pouvez poser une question à votre GPS pour savoir ce qui ne va pas. Vous recevez alors une information intuitive **sollicitée.**

Beaucoup de gens ignorent qu'il est possible de communiquer sur demande avec l'intuition. C'est pourtant le cas. Vous pouvez vous en servir pour n'importe quoi et à n'importe quel moment. Au chapitre 5, je vous présenterai un processus qui vous permettra de consulter votre intuition sur demande. Voici un aperçu de ce processus.

Le processus intuitif en bref

- *Étape 1 – Formuler une question claire.* Pour recevoir des réponses utiles, vous devez poser une question claire relative à ce que vous désirez savoir sur votre situation, votre désir, etc. Plus la question est précise, plus la réponse sera utile.

- *Étape 2 – Se mettre en état de réceptivité.* Une fois la question précisée, vous vous mettez en état de réceptivité à l'aide de votre rituel de centration, afin de capter les messages de l'intuition. Vous contactez votre sage intérieur en activant votre GPS pour accéder à l'information.

- *Étape 3 – Capter et interpréter l'information intuitive.* Lorsque vous êtes en état de réceptivité, vous posez votre question et vous recevez les messages de votre intuition tels qu'ils vous arrivent, avec ouverture, sans jugement, sans interprétation ni analyse. Vous agissez comme un sténographe à la cour, qui enregistre ce qu'il entend sans se soucier de comprendre ce qui se déroule autour de lui. Vous passez ensuite à une étape critique du processus : l'interprétation de l'information captée.

- *Étape 4 – Agir à partir de l'information intuitive.* Lorsque l'information est interprétée, vous décidez de l'action à poser. Au fur et à mesure que les résultats se concrétisent, vous évaluez la qualité de votre interprétation et la pertinence de votre décision. Si nécessaire, vous réajustez le tir.

En complément de ce survol initial, j'aimerais explorer avec vous les bienfaits de l'intuition. Ceux-ci vous convaincront de commencer à exercer et à utiliser votre intuition.

2

L'intuition, un atout majeur

En prenant conscience des principaux bienfaits associés au fait de vivre de façon intuitive, vous comprendrez mieux ce que cela peut ajouter à votre quotidien. Voici, selon moi, les trois bénéfices les plus importants.

La sécurité intérieure

Grâce à l'utilisation de l'intuition, vous ressentez une grande sécurité intérieure. En employant cet outil, accessible sur demande, vous vivez avec la certitude que vous pouvez, **à tout moment,** savoir ce qui est bon, ce qui est juste pour vous. Vous savez, sans l'ombre d'un doute, que vous êtes guidé vers le meilleur choix, la meilleure action au moment où vous en avez besoin. Le fait de savoir que cette information est accessible en tout temps vous apporte réconfort et sécurité.

Pour illustrer mon point, je partage avec vous une expérience que j'ai vécue il y a quelques années.

[Note manuscrite en marge : message ou coïncidence ??? Est-ce comme kuoye kwe kwsss ?? Je pense que oui.]

• • • Je sens que c'est le temps de déménager. Je mets ma maison en vente en septembre pour occupation le 1er décembre, car j'ai le sentiment que je vais passer Noël dans une nouvelle demeure. Je me *vois* dans cette nouvelle maison. Je *ressens* le plaisir d'y habiter. Je *vois* l'arbre de Noël. Ma maison est vendue à la mi-octobre pour occupation le 1er décembre, comme pressenti.

Je commence alors la recherche de ma nouvelle demeure. Les semaines passent. Je ne trouve rien. Je reste calme et sereine. Je me vois toujours à Noël dans mes nouveaux quartiers. Trois semaines avant la date prévue pour mon déménagement, je m'apprête à faire une offre sur une maison. Mon agent m'apprend qu'elle ne sera pas libre le 1er décembre mais le 1er février. Je sens mon énergie baisser. Je ne peux même plus tenir mon stylo. Je dis à mon agent que je ne ferai pas d'offre, car la date ne me convient pas. Il me répond que je suis irréaliste, que jamais je ne trouverai une maison qui sera libre trois semaines plus tard, blablabla… L'agente du vendeur me dit la même chose. Elle me prend pour une vraie folle. Ce n'est pas la première, ni la dernière !

Folle ou pas, je reste centrée. Je ne fais pas d'offre. Ma vision est toujours là. Je me vois à Noël dans ma nouvelle maison. Le lendemain, mon agent m'appelle pour me dire que le vendeur a reçu une offre pour aller travailler à Toronto dès le 1er décembre. Je m'exclame : « Je savais que j'aurais ma maison le 1er décembre ! » Je fais une offre. Je déménage le 1er décembre, comme je l'avais pressenti. Je passe Noël dans ma nouvelle demeure. J'y habite encore et je l'adore.

Je suis restée calme et sereine la plupart du temps, même si les probabilités de trouver une maison à temps diminuaient. J'ai fait confiance à mon intuition malgré tout ce que j'entendais autour de moi. Je savais que tout s'arrangerait. J'ignorais comment, mais je croyais à ma vision :

une maison à Noël. Je suis restée connectée en tout temps à mon radar intérieur, qui me dit à tout moment où j'en suis ; d'où mon sentiment de sécurité intérieure.

Je sais que je vais savoir ce que je dois savoir au moment où j'en aurai besoin. C'est génial. Je me sens guidée. En fait, je suis guidée… par mon intuition. Résultat : **un sentiment profond de sécurité.** Le fait de savoir que vous saurez, en temps opportun, quel sera votre prochain pas et quel sera le meilleur moment pour le faire vous procurera un sentiment de sécurité intérieure incomparable. Votre stress tombera.

La justesse

En restant connecté à votre intuition, vous vivez en harmonie avec vous-même, en alignement intérieur. C'est ce que j'appelle vivre avec justesse. Vous savez intuitivement ce qui est juste pour vous, ce qui cadre avec votre raison d'être et avec les désirs de votre cœur. Comme je vous l'ai mentionné plus tôt, votre grand sage a accès à la sagesse intuitive du cœur. Il connaît ce que ce dernier souhaite, ce qui vous rendra heureux. En joignant l'intuitif au rationnel, vous mettez la tête au service du cœur. Le cœur vous montre la direction à suivre, et le rationnel, soutenu par l'intuitif, met en œuvre les actions requises pour accomplir ce qui vous tient à cœur.

Les messages de l'intuition vous guident vers ce qui est le mieux pour vous à ce moment-là. Il est possible que cela vous amène à vous dépasser, à vaincre des peurs, à grandir, toujours dans le but de vivre plus heureux.

● ● ● Agnès se sent insatisfaite de son boulot. Elle ressent un désir profond d'aider les gens dans leur cheminement professionnel. Elle se fait offrir une belle promotion au bureau. Sa petite voix lui dit d'attendre, que quelque chose de mieux s'en vient. Elle le sent aussi. Malgré l'opinion de ses proches et la logique, elle décide de faire confiance à cette voix intérieure. Elle refuse le poste. Quelques mois plus tard, le service des ressources humaines lui offre un poste qui cadre parfaitement avec ses aspirations.

• • •   Paul est sur le point d'accepter un contrat pour donner de la formation. Il ressent un inconfort, mais il décide d'ignorer ce sentiment et accepte la proposition. Des mois plus tard, il a des différends avec l'entreprise sur le plan des valeurs. Cela lui cause beaucoup de désagréments. Il aurait dû prendre son inconfort en considération... Son intuition lui parlait.

En ayant recours à ce radar intérieur, à ce grand sage, vous ne vivez plus la vie de quelqu'un d'autre. Vous vivez celle qui vous est destinée. Vous vivez dans *vos* bottines, pas dans celles des autres. Ce grand sage est en contact direct avec l'essence de votre personne. En utilisant votre intuition, vous choisissez de rester en contact permanent avec cette essence. Vous respectez ainsi ce dont elle a besoin pour accomplir sa raison d'être. Vous vivez avec justesse. C'est totalement satisfaisant.

La créativité

L'explosion de la créativité est une autre conséquence du déploiement de l'intuition. En ouvrant le canal de l'intuition, vous ouvrez automatiquement celui de la créativité, qui puise à la même source. Les processus créatif et intuitif sont très semblables. Vous serez surpris par les inspirations de tout genre que vous aurez quand vous commencerez à vivre de façon intuitive. En ce qui me concerne, pour créer mes projets, je sème la graine de l'idée dans ma tête. Je la laisse germer sans y penser. Le temps fait son travail. Quand l'idée prend forme et se précise, je la sens tourner en périphérie de ma tête... jusqu'à ce que je sache qu'elle est prête à être cueillie.

- ● ● ● Je suis avec Anne, une collègue. Nous préparons une proposition de *coaching* pour une organisation. Nous concevons un outil pour aider les gens à faire le point sur leur vie. Je réfléchis. Je suis dans ma tête, rationnelle. Rien ne vient.

  Puis, je décide de me connecter à mon intuition. Je me lève et marche un peu autour de la pièce, ce qui me permet d'accéder à mon cerveau droit, le siège de l'intuition et de la créativité. Je ne fais pas d'effort. Des mots apparaissent dans ma tête. Je commence à les écrire. Une image vient. Je vois l'outil dans ma tête : c'est un bilan de vie. La créativité d'Anne se met de la partie. Nous terminons l'outil facilement.

- ● ● ● Je suis embauchée pour donner une conférence sur l'intuition. Je garde cette idée en tête, puis je n'y pense plus. Quelques jours avant la conférence, au cours de ma méditation matinale, je m'aperçois que mon exposé est tout prêt dans ma tête. Je le prépare rapidement et efficacement. C'est un beau succès.

Au fil de cet ouvrage, vous allez découvrir comment rejoindre cet espace intuitif et créatif. En accédant à votre intuition et en vous exerçant, vous constaterez une plus grande créativité dans votre vie. Comme vous pouvez le voir, les bienfaits de l'intuition sont importants. Je vous invite maintenant à faire quelques réflexions pour approfondir ces concepts et vous les approprier. Utilisez votre journal pour noter vos réflexions.

RÉFLEXIONS DE COACH

Si j'avais une vie intuitive…

Pensez aux bienfaits que vous voudriez que l'intuition vous procure. Laissez-vous rêver. Laissez aller votre esprit. Dans votre journal d'intuition, écrivez tout ce qui vous vient en tête à partir de la phrase suivante : « Si j'avais une vie intuitive, j'aurais… je serais… »

Exemple :

> Si j'avais une vie intuitive, j'aurais une vie joyeuse et passionnante. J'aurais confiance en la vie, parce que je saurais ce dont j'ai besoin quand c'est le temps. Je serais plus calme et plus curieux par rapport à l'existence. J'aurais une vie plus satisfaisante, parce que je saurais ce que je désire vraiment et parce que j'agirais en conséquence. Dans cette vie, j'aurais un compagnon à qui je pourrais demander de l'aide en tout temps : mon sage à moi. Je me sentirais moins seul. J'aurais du plaisir.
>
> Je dormirais mieux, parce que je serais moins anxieux. J'aurais confiance en moi. Je me vois avec de nouveaux projets. Je suis plus calme, même enthousiasmé par le défi. Je sens intérieurement que je suis à la hauteur et que je vais recevoir l'aide dont j'ai besoin quand j'en aurai besoin. Je me permettrai de faire le voyage dont je rêve depuis si longtemps. Dans cette vie, je suis sans peur et sans reproche.

Relisez votre texte et sentez-le vibrer en vous. Faites comme si cette réalité était déjà installée dans votre vie. Selon le principe de la force d'attraction, *faire comme si* une chose était réalité commence déjà à l'attirer dans votre vie. Le cerveau ne fait pas de différence entre ce qui est réel et ce qui est imaginé !

C'est à votre tour. Alors, amusez-vous !

● ● ●

Maintenant que vous êtes absolument séduit par le potentiel de l'intuition, je vous invite à découvrir les différents modes de perception, c'est-à-dire les manières dont vous percevez l'information intuitive. On continue.

3

Les 4 modes de perception de l'intuition

Les intuitions sont de quatre types : sensorielles, directes, visuelles ou auditives. La compréhension de ces quatre modes de perception vous permettra de découvrir celui qui vous est le plus accessible. Pour expliquer leur fonctionnement, j'ai utilisé les résultats des recherches de Pete Sanders, décrites dans l'ouvrage *You Are Psychic !* Ces recherches montrent qu'en général chacun a un ou deux modes dominants. Cela dit, tous les modes peuvent s'acquérir.

J'exposerai d'abord le fonctionnement de chacun des modes, puis je traiterai de l'interprétation. Cette section est assez longue, mais elle est très importante. Elle vous permettra de comprendre les divers modes de communication de l'intuition et les façons d'interpréter les messages reçus. Prenez votre temps pour la lecture, histoire de bien intégrer l'information.

Au chapitre 5, lorsque nous explorerons le processus intuitif, vous aurez l'occasion de faire des exercices et de déterminer précisément votre ou vos modes dominants. En général, chaque personne a une tendance naturelle à capter les messages selon un ou deux modes particuliers, mais tout le monde peut, en affinant sa perception, accéder aux quatre types. Avez-vous hâte de connaître votre mode de prédilection ? Avez-vous déjà une bonne idée de ce qu'il est ? Commençons par l'exploration de l'intuition sensorielle.

L'intuition sensorielle

- ● ● ● La fille de Jacinthe part en excursion avec sa classe. Jacinthe l'accompagne au cours de ce petit voyage. Elle sent que sa fille va avoir un accident, que cette expérience va changer sa vie et que c'est important qu'elle vive cet événement. Elle décide d'avoir confiance, malgré la peur qui l'habite. Sa fille part en canot et manque de se noyer. L'épisode est déterminant pour elle. Il change sa vie de façon positive. Jacinthe a eu raison de se fier à son intuition.

- ● ● ● Sophie doit partir à Los Angeles. Elle a des maux de ventre à l'idée de faire ce voyage. Elle décide d'annuler le périple, malgré les inconvénients que cela lui cause. C'est le 11 septembre 2001. Elle évite tous les problèmes liés aux événements : délais, peur, inquiétude, etc.

Sa description

Avec la perception sensorielle (qu'on appelle aussi la clairsentience ou le clairsenti), vous percevez l'information intuitive de deux façons.

1. Les émotions et le ressenti émotionnel

Vous obtenez beaucoup d'information intuitive par l'intermédiaire de ce que vous ressentez, de vos émotions. Ces dernières sont un guide important qui vous montre où vous en êtes par rapport à une situation, à une personne, etc. Le système nerveux est un capteur très puissant.

Il perçoit et enregistre les émotions plus rapidement que le cerveau gauche. Vous ressentez donc les choses avant de comprendre consciemment ce qui se passe.

Par exemple, vous pouvez vous sentir bien avec une personne, avec un projet, ou encore, vous sentir angoissé par eux. Vous pouvez sentir qu'il y aura un pépin au cours d'une discussion ou qu'il y a un problème dans la chambre de votre bébé. Pour percevoir les choses selon ce mode, il vous faut privilégier deux attitudes :

- **Ressentez ce qui est en vous et autour de vous.** Le fait d'ignorer ce ressenti est un frein à l'utilisation de ce mode de perception. Certaines personnes éprouvent cette difficulté, souvent en raison d'une éducation rigide où l'expression des émotions était découragée. Ressentir peut représenter un défi de taille pour vous, mais cela en vaut la peine. Le ressenti est un guide intuitif important. Il peut être opportun de consulter un spécialiste en relation d'aide pour vous accompagner au cours de cette démarche de reconnexion au ressenti.

  Comme pratique de départ, arrêtez-vous régulièrement pendant la journée pour ressentir ce qui est là. Tentez de le nommer. Ainsi, vous améliorerez votre capacité à ressentir.

- **Prenez le temps de définir votre ressenti.** Afin de connaître comment votre intuition vous livre ses messages, arrêtez-vous fréquemment pour définir ce que vous ressentez et pour préciser l'endroit de votre corps où vous éprouvez ces sensations, si tel est le cas. Prenez conscience de la forme des messages de votre corps. Posez-vous une des questions suivantes : Comment je me sens dans cette situation ? Que se passe-t-il en moi présentement ? Qu'est-ce que je ressens ?

Vous pouvez aussi percevoir des impressions sensorielles du champ magnétique qui vous entoure. Comme je l'ai mentionné précédemment, tout ce qui vous entoure est énergie – les gens, les endroits, les objets.

Ils émettent constamment des vibrations. Votre corps agit comme un immense radar qui capte l'énergie. Il enregistre alors la signification des messages sous la forme d'une sensation intérieure.

- ● ● ● Vous entrez dans un magasin et vous ressentez des nausées. Vous réalisez que ce commerce a des normes d'éthique qui vont à l'encontre de vos valeurs.

- ● ● ● Vous êtes dans l'autobus. Vous êtes très serein. Quelqu'un vient s'asseoir à côté de vous. Vous commencez à ressentir de l'anxiété. C'est peut-être l'anxiété de cette personne que vous captez.

- ● ● ● Un concurrent vient de lancer un sous-produit dans la niche de notre produit majeur. L'équipe me demande d'organiser une réunion d'urgence. Je suis calme et sereine. Les autres sont inquiets ; ils suggèrent que nous réagissions rapidement. Je les écoute attentivement. Soudain, je ressens de la peur. En portant attention à ce feeling, je réalise qu'il ne m'appartient pas. C'est mon équipe qui a peur. Moi, je suis très calme devant cette situation. Je ne sens aucune urgence d'agir. Je remercie les membres du groupe de leurs commentaires, mais je décide de ne rien faire. Je me fie à mon intuition. Finalement, il s'avère que j'avais raison. En me dissociant du ressenti des gens, j'ai su contacter ma véritable intuition.

À vous d'apprendre à décoder les signaux que vous envoie la vôtre.

Une petite mise en garde : lorsque ce mode de perception est très aiguisé, vous êtes susceptible de capter ce qui vous entoure et de sentir des choses qui ne vous appartiennent pas. Une personne ayant beaucoup d'intuition sensorielle peut ressentir les choses 10 fois plus que les gens qui emploient les autres modes intuitifs. Si c'est votre cas, posez-vous les questions suivantes : Qu'est-ce que je ressens ? Est-ce que cette émotion m'appartient? Réfléchissez comme je l'ai fait à ma réunion d'équipe. Selon la réponse, vous pouvez lâcher prise quant au fait de vivre ou de nourrir cette émotion, ou encore, la remettre à la personne à qui elle appartient.

2. Les sensations et le ressenti physique

Des quatre modes de perception, celui-ci est plus intimement relié à votre corps, à vos sensations physiques, d'où l'expression populaire « Ton corps te parle ».

Ces impressions se manifestent souvent sous la forme d'un *gut feeling*. Elles sont souvent accompagnées de sensations désagréables : inconfort, nausées, douleurs gastriques, papillons dans le ventre, nœud dans l'estomac. Vous pouvez aussi éprouver des maux de dos, une douleur au poignet, etc. Chaque personne a, sur ce plan, sa propre forme de ressenti. Portez attention à la vôtre et à sa signification.

> ● ● ● Au cours d'une de mes conférences, une femme nous a raconté que, quand la douleur associée à une vieille blessure à la cheville se réveillait, son intuition lui indiquait que quelque chose n'allait pas dans sa vie. Pour elle, c'était un signal : il lui fallait s'arrêter et examiner ce qui se passait. Pour une autre, le message s'exprimait par un serrement au niveau du plexus solaire (centre nerveux situé entre le sternum et le nombril).

> ● ● ● C'est la même chose pour moi. Quand mon plexus solaire se contracte, je sais que quelque chose ne fonctionne pas dans une situation donnée. J'appelle ça mon *shit detector*! Je sais, ce n'est pas très élégant. Si je retourne en arrière, je réalise que toutes les fois où j'ai eu des difficultés, mon plexus se serrait. J'avais des intuitions spontanées. À partir de cette information, j'aurais pu me centrer et poser la

question suivante à mon intuition : « Qu'est-ce qui ne va pas dans cette situation ? » Je me serais épargné bien des problèmes. Enfin, maintenant je sais !

Autrement dit, la perception sensorielle s'exprime soit par un feeling à l'intérieur du corps, soit par une sensation physique dans le corps. Ce mode de perception est le plus accessible et le plus facile à améliorer. Selon M. Sanders, la zone qui capte ces impressions est celle du plexus solaire.

Un des défis de l'intuition sensorielle, c'est de bien interpréter les sensations. Par exemple, si vous éprouvez un inconfort dans la région du plexus solaire, cela vous indique que quelque chose ne va pas dans votre vie. Cependant, comme vous ignorez de quoi il s'agit, vous devez faire une interprétation ou une analyse de votre malaise.

L'interprétation de l'intuition sensorielle

Regardons comment vous pouvez interpréter ces impressions sensorielles.

1. Pour l'interprétation du ressenti émotionnel

Si l'information intuitive est une émotion ou un ressenti, votre défi consiste à déterminer ce que ce sentiment signifie pour vous.

Par exemple, vous êtes anxieux en pensant à votre prochain voyage. Quelle est la signification de ce sentiment ? Est-ce une intuition ou une simple peur ? Avant de régler la question en vous convainquant que vous vous énervez encore, je vous encourage à prêter attention à cette émotion. Si c'est votre intuition qui vous envoie de l'information, qu'est-ce que cela peut bien signifier ? Tentez de cerner le message.

● ● ● Je collabore avec quelqu'un depuis plusieurs mois. Je ressens souvent de l'inconfort, comme un malaise intérieur. J'ignore cette émotion. Je la juge. Je me dis que j'ai tort de me sentir ainsi. De l'extérieur, tout semble aller bien. Je me convaincs que je dramatise la situation. Plus tard, à la suite d'un événement, je réalise que cette association ne me convient pas du tout. Je décide de l'interrompre, même si cette rupture me coûte beaucoup d'énergie et d'argent. Par mon malaise, mon intuition me disait que cette collaboration ne correspondait pas à mes besoins et à mes valeurs. Je ne savais pas que je savais... J'aurais donc dû porter attention à mon inconfort!

Maintenant, quand j'éprouve ce genre de malaise, je sais immédiatement que quelque chose ne me convient pas. J'utilise cette intuition spontanée pour solliciter de nouvelles informations à l'aide de questions. Je cherche ce qui ne va pas et ce que je pourrais faire pour régler le problème. C'est devenu pour moi un signal sûr.

Imaginons que, dans le contexte d'un projet personnel ou professionnel, vous ressentiez un inconfort intérieur, comme si vous étiez mal dans votre peau. Vous sentez que quelque chose ne va pas, ou encore, que le projet ne fonctionnera pas. Dans ce cas, arrêtez-vous et réévaluez votre projet avec une nouvelle paire de lunettes. Vous pouvez :

- utiliser votre rationnel pour déterminer ce qui ne fonctionne pas ;
- consulter votre équipe pour vérifier si un élément confirme votre intuition ;
- solliciter une intuition pour mettre le doigt sur ce qui ne va pas. À l'aide d'une question et de votre GPS, évaluez la situation. Vous pourriez par exemple vous demander ce qui cause cet inconfort. Vous recevrez de nouvelles réponses et passerez ainsi de l'intuition spontanée à l'intuition sollicitée.

Si vous avez l'impression de ne rien sentir, demandez-vous de quelle sorte de « rien » il s'agit : est-ce un rien comme un vide, un rien comme « il manque quelque chose » ou un rien comme « cela ne me parle pas du tout » ? Vous pouvez aussi utiliser un autre mode de perception pour vérifier l'information reçue.

> ● ● ● Ma tête me dit que c'est le temps de faire le suivi de mon projet d'écriture. Je ne le sens pas. Je ne bouge pas. Trois jours plus tard, je reçois la réponse de mon éditeur. Mon intuition m'a guidée vers le bon geste : attendre.

L'interprétation des messages de l'intuition, surtout sensorielle et visuelle, est un processus d'essais et erreurs. Une réponse mène à l'autre, qui mène à la suivante. C'est pourquoi je vous recommande de vous exercer avec de petites choses, d'avancer tranquillement dans votre exploration. Je sais que vous êtes pressé de vous attaquer aux « grosses affaires », mais je vous encourage à faire preuve de vigilance jusqu'à ce que vous ayez une connaissance raisonnable de votre processus intuitif.

2. Pour l'interprétation du ressenti physique

Dans le cas de l'intuition sensorielle, l'information intuitive consiste en des sensations physiques. Encore là, le défi est de cerner ce qu'elles veulent dire. Comme vous allez le constater, c'est souvent le point de départ pour savoir ce qui va ou ce qui ne va pas, et pour connaître ce qui est requis.

> ● ● ● Lorsque j'ai mal au poignet gauche, je sais que je dois soit agir, soit arrêter de vouloir tout contrôler. Mon intuition me parle à travers mon corps. Quand j'ai cette douleur, je m'arrête aussitôt et je questionne mon intuition :
> « Dans quelle sphère de ma vie suis-je trop volontaire ? »
> « Dans quelle sphère de ma vie devrais-je agir ? »

- - - Je vis une relation difficile avec quelqu'un. Je ne sais quoi faire dans cette situation. J'en parle à mon amie Anne. Elle me demande : « As-tu mal au poignet ? » Justement, je me suis levée le matin avec une douleur à cet endroit. Je réalise que je dois faire un geste. Je poursuis mon exploration intuitive pour déterminer l'action la plus appropriée.

- - - Avec une cliente, j'évalue diverses solutions pour une occasion d'affaires. Nous déterminons les options à l'aide du rationnel. Ma cliente a beaucoup d'intuition sensorielle. Après quelques « tests », nous trouvons la façon dont elle ressent ce qui lui convient ou pas. Le signal est clair : si elle se sent bien, elle éprouve un calme dans le bas du ventre. Elle sait alors que la solution envisagée est bonne pour elle. Sinon, elle éprouve un serrement désagréable dans la zone du plexus solaire. À partir de cette information, nous évaluons chaque solution de façon intuitive. Pour chaque possibilité, je demande à ma cliente : « Comment te sens-tu par rapport à cette solution ? » La réponse devient vite claire.

Exercez-vous et consignez dans votre journal les signes que vous ressentez. Cela vous aidera à analyser leur signification. Souvenez-vous que **votre corps vous parle.** Vous pouvez aussi recourir à des livres traitant de la signification des malaises physiques. C'est ce que j'ai fait dans le cas de mon poignet. Il me faisait souvent mal, et il n'y avait aucune cause physique à cette douleur. Je ne comprenais pas. Grâce au livre *Dis-moi où tu as mal, je te dirai pourquoi*, de Michel Odoul, j'ai compris la symbolique du poignet. J'ai alors pu faire le lien entre ma douleur et sa signification. Voici un autre livre que vous pouvez consulter pour avoir des pistes d'interprétation : *You Can Heal Your Life*, de Louise Hay.

Il est possible que ce mode ne soit pas votre mode intuitif naturel. Ne vous inquiétez pas. Si cela vous intéresse, vous pourrez le mettre au point en vous exerçant. Avant de passer au prochain mode, prenez quelques moments pour intégrer ce que vous venez de lire. Amusez-vous à vous « sentir ». Qu'éprouvez-vous présentement ?

⮕ En bref, avec *l'intuition sensorielle, vous* **sentez.**

Passons au prochain mode, l'intuition directe.

L'intuition directe

● ● ● L'entreprise pour laquelle je travaillais devait composer avec un produit qui venait d'apparaître sur le marché. Cet article mettait en péril les résultats financiers de notre société. Après avoir consulté les équipes pour définir divers scénarios, j'ai eu besoin de prendre du recul et de réfléchir à la problématique et aux solutions envisageables. Malgré les heures que je passais à analyser les scénarios, je n'arrivais pas à trouver une solution viable pour nous. Je savais pourtant que ce problème portait en lui une solution, comme tous les problèmes.

Je décide de prendre un moment de repos et de préparer mon souper. Tout en cuisinant, je demande de l'aide, une solution. Je laisse aller, je ne pense plus au problème. Quelques secondes plus tard, le mot « fusion » arrive dans ma tête, comme une pensée. À ce moment précis, je sais, sans l'ombre d'un doute, que c'est l'unique solution. Aucune autre ne fonctionnerait. Cette réponse n'avait effleuré l'esprit de personne tellement elle était *out of the box*. Quelle affaire, quand même : fusionner avec notre plus gros concurrent! Un mois plus tard, l'affaire est conclue. C'est une des meilleures ententes que notre société ait conclues.

- - - Louise cherche à acheter une nouvelle demeure. Elle en visite une. Elle sait sans l'ombre d'un doute que c'est **sa** maison. Elle sait aussi exactement combien elle vaut. Tout simplement.

Sa description

Selon ce mode de perception, vous captez de l'information sans stimulus extérieur et sans sensation physique. Soudain, vous savez! Par exemple, vous savez ce qu'une personne va dire, comment se réglera une situation, quelle est la solution à un problème, etc. Vous ne savez pas pourquoi ou comment vous savez, mais vous savez!

Pas de sensation, pas de voix, pas de vision : juste une connaissance instantanée, qui se présente sous la forme d'une pensée.

C'est le mode de perception auquel il est le plus difficile de faire confiance au début. Avec le temps et la pratique, la confiance s'installe et augmente. Le canal pour percevoir l'information devient alors ouvert et fluide. Votre vie est plus calme, et vous vous sentez davantage en sécurité, car vous savez que vous saurez quand le moment sera venu.

Selon les recherches de Pete Sanders, c'est le mode de perception le plus fréquent. C'est aussi le plus éphémère et le plus évanescent. Ce genre d'intuition arrive très vite. Il vous faut être présent pour le capter. Saisissez votre impression intuitive dès que vous ouvrez le canal. L'information peut se manifester à l'intérieur de dix à quinze secondes. C'est un peu comme les idées, les flashes. Ils sont là une minute, et pouf! ils partent.

Avec ce mode, l'information arrive de façon globale. Vous recevez un aperçu de la situation ou de la solution possible. L'information n'a pas besoin d'interprétation. Elle est directe.

L'aire de perception associée à ce mode se situe au-dessus de la tête, comme un tunnel qui sortirait de votre tête et qui s'étendrait vers le ciel. Grâce à l'intuition directe, vous vous connectez à la connaissance universelle afin d'accéder à l'information qui y est contenue. Vous avez à décider de le faire, tout simplement. Dans mon cas, j'imagine une connexion entre le sommet de ma tête et le champ que je visualise au-dessus. Je sais, je sais, c'est capoté !

L'interprétation de l'intuition directe

Vous pouvez recevoir deux types d'information intuitive :

- *Une connaissance directe de ce que vous avez à faire.* Dans ce cas, aucune interprétation n'est nécessaire. Vous commencez à avancer, à moins que vous souhaitiez valider l'information. Je vous donne les moyens de le faire au chapitre 5.

- *Une information partielle.* Vous pouvez soit utiliser votre logique pour compléter l'information, soit recourir à un autre mode intuitif. Les quelques exemples suivants vous aideront à mieux comprendre.

● ● ●   Lorsque je travaillais dans le milieu des magazines, il m'arrivait souvent de dire à mon équipe, au moment de la présentation d'un projet, que je savais que quelque chose clochait. Évidemment, la question venait : « Mais quoi ? » Je ne savais pas. Tout ce que je savais, c'était que quelque chose ne fonctionnait pas. Au début, comme je n'avais pas d'explication logique, nous poursuivions notre travail. Avec l'expérience, nous avons réalisé que, chaque fois que j'exprimais une réticence, elle était fondée. Par la suite, lorsque j'exprimais un doute, l'équipe m'aidait à déterminer ce qui n'allait pas. Cela a aussi permis à mes collaborateurs de parler plus ouvertement de leurs intuitions.

Avec le temps, j'ai aussi appris que je suis une « 24 heures ». Souvent, la réponse à un questionnement me vient le lendemain, même si je n'y ai pas pensé du tout. Bref, je dors sur le problème. En fait, j'utilise les rêves pour obtenir la clarté que je cherche. J'y reviendrai plus tard.

●●● À une conférence, une femme qui travaille dans le domaine du capital de risque partage avec nous l'expérience suivante. Un jour où on lui présentait une proposition d'affaires, elle a su avec certitude que le projet ne marcherait pas. Elle se sentait mal à l'idée de révéler cette impression, car tous les hommes participant à la réunion étaient plus expérimentés qu'elle et étaient d'accord avec le projet. En plus, celui-ci avait reçu l'aval d'un gourou dans le domaine. Vous vous doutez de la suite : le projet n'a pas fonctionné.

Avec la pratique, cette femme deviendra plus à l'aise avec son intuition. Elle pourra alors partager ses impressions avec le groupe et revoir les projets sous un autre angle. Au départ, il faut un peu de courage pour exprimer des intuitions. Si vous vous y exercez fréquemment, vous vous perfectionnerez et augmenterez votre confiance. Il est également possible d'utiliser un autre mode pour clarifier l'intuition de départ. Des moyens de valider ou de préciser vos informations intuitives sont présentés à l'étape 3 du processus intuitif, au chapitre 5.

Sentez-vous que c'est votre mode ? Prenez quelques moments pour intégrer l'information et faire le point.

Une fois de plus, il est possible que ce ne soit pas votre mode intuitif naturel. Ne vous inquiétez pas, il y en a d'autres. Si vous le désirez, vous pourrez le perfectionner avec de la pratique.

➲ En bref, avec *l'intuition directe, vous **savez**.*

Passons au prochain mode de perception, l'intuition auditive.

L'intuition auditive

- ● ● ● À une conférence, une jeune femme nous a raconté qu'au cours d'une dispute avec son père elle avait entendu une voix venant de l'extérieur lui dire : « Chéris le temps que tu passes avec lui. » Son père est décédé peu de temps après.

- ● ● ● Une participante à une conférence nous raconte qu'une voix intérieure lui répétait depuis deux semaines : « Danger eau, danger eau. » Au cours d'une excursion de descente de rapides, elle a eu un accident. Tous les membres du groupe ont failli se noyer. C'est son intuition auditive qui lui parlait.

Sa description

Les impressions perçues par l'intuition auditive (clairaudience) sont subtiles. C'est un peu comme si vous entendiez une musique douce, une voix étouffée parlant dans des écouteurs, ou encore, comme si vous vous parliez à vous-même. Pour cette raison, bien des gens ne sont pas conscients d'avoir ce talent. Ils ont le sentiment de se parler à eux-mêmes. Vous percevez un mot, un son, une phrase, une voix générique, une musique, une voix qui vous parle de l'intérieur ou de l'extérieur, peut-être même dans une langue étrangère. Une de mes connaissances reçoit ses intuitions en anglais. C'est génial ! Ainsi, cette personne ne peut confondre le message de l'intuition avec le discours intérieur.

Dans sa forme la plus subtile, le message s'apparente à une compréhension mentale qui arrive avec des mots. J'ai une bonne intuition auditive. Lorsque je prépare un atelier ou que je crée un outil, je saisis par intuition directe ou visuelle l'ensemble de ce que j'ai à faire (ex. : un outil sous forme de tableau). Ensuite l'information me vient par l'intuition auditive. J'entends ce que j'ai à inclure dans le tableau. C'est un peu comme si j'envoyais une question à l'univers et que je recevais un écho (la réponse intuitive) de ce dernier.

Ce mode de perception est excellent pour obtenir des mots-clés ou une direction générale, pour comprendre et analyser un problème ou une situation, pour obtenir des réponses spécifiques à des questions.

Il vous faut cependant prendre garde de ne pas confondre la voix de l'intuition avec les dialogues intérieurs que vous entretenez avec vous-même. Selon les recherches de Pete Sanders, la voix de l'intuition parle généralement à partir du centre de votre cerveau et elle diffère de votre voix habituelle. À l'inverse, les dialogues intérieurs prennent le plus souvent naissance dans l'aire du cerveau gauche (la partie qui s'occupe du langage) et sonnent comme votre propre voix. En ce qui me concerne, la voix de mon intuition vient du côté droit de ma tête, au bas et à l'arrière, et est plus douce que ma voix normale ; quand je me parle à moi-même, la voix est plus forte, et c'est bien la mienne. À vous de découvrir, en expérimentant, comment cela s'exprime dans votre cas.

Il est possible d'avoir un échange cordial avec votre intuition. Il prend la forme d'une conversation durant laquelle une réponse amène une autre question. Vous vous chicanez avec votre intuition ? Cela signifie que ce n'est pas de votre intuition qu'il s'agit, mais de vos dialogues intérieurs. Par ailleurs, assurez-vous de ne pas confondre la voix de l'intuition avec celle du « saboteur ». Vous savez, cette voix qui limite votre potentiel : « Tu ne peux pas faire ceci ou cela. Pour qui te prends-tu ? » Avec de la pratique, vous apprendrez à distinguer ces voix.

Ce mode de perception de l'information est le plus difficile à affiner. L'aire concernée se situe de chaque côté de la tête, au-dessus de l'oreille. Pour percevoir selon ce mode, portez votre écoute vers l'intérieur de votre tête, au-dessus des oreilles. Soyez attentif : vous entendrez peut-être les échos de l'univers. Les individus qui ont un talent naturel avec l'intuition auditive sont souvent très analytiques ; ils parviennent donc très facilement à se convaincre de ne pas écouter leurs intuitions.

L'interprétation de l'intuition auditive

Elle est assez aisée, car l'information est perçue de façon directe et littérale. Il arrive toutefois qu'une interprétation soit nécessaire. Voici quelques exemples de ce genre de situation.

> Quand Johanne entend une des musiques que son père appréciait beaucoup, elle sait qu'elle va traverser une période difficile et qu'elle devra faire preuve de courage.

Il lui a fallu plusieurs expériences pour faire la connexion entre cette musique et ce qui se passait dans sa vie. Maintenant qu'elle connaît le code, elle peut se préparer à affronter courageusement les situations difficiles.

Reprenons un des exemples exposés précédemment :

> Une participante à une conférence nous raconte qu'une voix de l'intérieur lui répétait depuis deux semaines : « Danger eau, danger eau. » Au cours d'une excursion de descente de rapides, elle a eu un accident. Tous les membres du groupe ont failli se noyer. Son intuition auditive lui parlait.

Si elle avait utilisé l'information intuitive, cette femme se serait demandé où se trouvait le risque associé à l'eau. À partir des activités « aquatiques » qu'elle avait planifiées, elle aurait pu vérifier, à l'aide de son intuition, laquelle était visée par l'information. C'est facile à dire après coup mais, dans les faits, cette femme ignorait probablement que son intuition communiquait avec elle de façon auditive.

La découverte de votre processus intuitif est une véritable exploration, et c'est très excitant. Prenez quelques instants pour faire le point sur l'intuition auditive et pour intégrer l'information. Est-ce un de vos modes ?

Il est possible que l'intuition auditive ne soit pas votre mode naturel. Ne vous inquiétez pas, d'autres sont à votre disposition. Si cela vous dit, vous pouvez aiguiser ce mode intuitif grâce à la pratique.

➲ En bref, avec *l'intuition auditive, vous* **entendez.**

Passons maintenant au dernier mode de perception : l'intuition visuelle.

L'intuition visuelle

- Je désire me procurer un chandelier. J'ai une idée de ce que je veux. Au cours de ma méditation quotidienne, je vois le chandelier que je cherche ; il est dans une boutique que je connais. J'y vais. Il est là, exactement comme je le voulais.

- Georges conduit le soir. Il voit, à l'intérieur de sa tête, un carambolage de plusieurs voitures. Il décide de ralentir. Un kilomètre plus loin, il y a un accident monstre. Son intuition visuelle l'a averti du danger.

Sa description

Les impressions reçues avec l'intuition visuelle (clairvoyance) sont captées directement à travers des images, des symboles ou des photos. C'est comme si vous regardiez un écran de télévision à l'intérieur de votre tête. Vous percevez une image, un symbole, une couleur, etc.

Selon les recherches de Pete Sanders, il y a 4 types d'images :

- Une image abstraite, un symbole, une couleur ou une forme qui nécessitent une interprétation.
- Une image mentale du passé, qui permet de clarifier votre situation actuelle. Les sensations, les circonstances et les associations que vous liez à cette image sont les clés grâce auxquelles vous pouvez interpréter le message intuitif.
- Une image littérale, une scène précise. Cette forme plus avancée exige de la pratique, à moins que l'intuition visuelle soit votre mode dominant.
- Une vision de l'avenir, soit par des rêves ou par des prémonitions visuelles.

Les messages reçus dans vos rêves sont du domaine de l'intuition visuelle. Certaines personnes reçoivent une grande partie de leurs intuitions à travers leurs songes. Si c'est votre cas, perfectionnez vos connaissances sur les rêves.

Vous percevez l'information à partir de la zone qui est située sur le front, au-dessus des sourcils, au centre, ce qu'on appelle souvent le troisième œil.

Pour obtenir de l'information intuitive selon ce mode, captez les images telles que vous les recevez. N'essayez pas de les interpréter au cours du processus de réception. Le mot-clé est « impression ». Quelles impressions avez-vous ? Quelles images voyez-vous dans votre esprit ? Ces images sont évanescentes et précaires. Il ne faut pas forcer. Concentrez-vous sur la zone du troisième œil et laissez les impressions venir à vous. Elles devraient s'imposer au cours des cinq ou des dix premières secondes. Si rien ne se passe, laissez aller et recommencez plus tard. Vous recherchez une impression légère, une image, un flash.

Ce mode intuitif étant le plus symbolique, vous aurez à perfectionner votre compréhension des symboles, d'où l'importance de tenir un journal d'intuition.

Petite mise en garde : avec ce mode, il peut être difficile de faire la différence entre l'imagination, le *daydreaming* et les messages intuitifs. L'intuition visuelle, l'imagination et la visualisation utilisent le même écran. La première **reçoit ou capte les images** (comme une grande antenne captant les signaux), alors que les deux autres **les génèrent d'elles-mêmes.**

Un exemple : vous désirez ardemment une chose et vous demandez à votre intuition si c'est bon pour vous. N'allez pas croire que la réponse est positive parce que vous vous « imaginez », par l'intermédiaire d'un scénario visuel mental, en train de réaliser votre désir. Le message de l'intuition est plutôt reçu comme une image spontanée, souvent associée à une sensation physique de calme, de bien-être. La différence entre les deux n'est pas forcément très nette mais, en vous exerçant, vous la distinguerez plus facilement. La pratique de la visualisation améliorera la clarté de l'image que vous percevrez au moyen de l'intuition visuelle.

L'interprétation de l'intuition visuelle

C'est le mode le plus délicat à interpréter, car vous recevez souvent l'information sous une forme symbolique. Dans un tel cas, il n'y a pas de règle précise à suivre. Il s'agit plutôt de trouver le sens que le symbole revêt pour vous. C'est très similaire à ce que vous feriez pour interpréter un rêve. Posez-vous la question suivante : « Quelle est la signification de l'image pour moi ? » Si le symbole, l'image ou la couleur a plusieurs sens, testez chacun de ceux-ci et « sentez » l'interprétation la plus probable, celle qui sonne le plus juste pour vous. Procédez à partir de là.

● ● ● Dominique désire s'engager dans un projet personnel, mais est-ce le meilleur moment pour elle ? Elle consulte son sage intérieur. Grâce à son intuition visuelle, elle voit un oiseau qui vole très haut et librement dans le ciel. Chaque fois qu'elle voit un oiseau, que ce soit dans ses rêves ou dans la réalité, elle considère que c'est un signe positif. Elle interprète donc l'information intuitive comme une indication que le moment est propice au projet et que ce dernier la conduira vers de nouveaux horizons. Effectivement, le projet se déroule à merveille.

Il est possible que vous ayez une vision intégrale. Dans un tel cas, si vous êtes à l'aise avec ce que vous voyez, commencez à avancer. Sinon, validez votre intuition à l'aide des moyens qui seront exposés à l'étape 3 du processus intuitif.

● ● ● Anne fait une séance de méditation afin de trouver un nouveau projet pour son entreprise en technologie. Elle reçoit d'abord une information qui prend la forme d'une connaissance directe sur le type de projet à entreprendre, puis elle perçoit une image claire des couleurs et de la forme que ce dernier aura. Au bureau, elle partage son flash avec quelques membres de l'équipe. Après une recherche sur Internet, Anne et ses collègues découvrent qu'un groupe du Massachusetts Institute of Technology (MIT) a eu une idée similaire à la leur : elle a les mêmes couleurs, les mêmes formes. Anne se dit alors que l'idée a de la valeur, mais que le projet n'est pas pour eux.

Vos rêves vous permettent de recevoir de l'information intuitive.

- - - Une personne me doit de l'argent. Comme elle vend sa maison, elle m'assure qu'elle me remboursera au moment de la vente. Dans un rêve, je l'avertis que, si elle ne règle pas sa dette, je vais recourir à un avocat. Je me réveille le lendemain avec un grand sentiment d'inconfort. Que signifie ce rêve ? Il est évident que quelque chose ne va pas.

  En passant devant sa maison, je réalise qu'elle est vendue. La personne ne m'en a pas avisée. Je contacte un avocat pour qu'il règle le dossier. Deux jours plus tard, je rêve que la vente sera finalisée à une date précise. J'appelle mon avocat pour lui dire de faire vite. Il me confirme que la maison passera aux mains du nouveau propriétaire à la date exacte révélée par mon rêve. En agissant à partir de l'information intuitive, je me suis épargné bien des problèmes.

- - - Louise rêve que son père a des palpitations au cœur. Il lui dit que tout va bien. Quelques jours plus tard, il entre à l'hôpital parce qu'il a des palpitations cardiaques. Louise sait qu'il va s'en sortir.

Comme vous le voyez, l'information associée à l'intuition visuelle se manifeste de multiples façons, et son interprétation est délicate. Prenez le temps de bâtir votre dictionnaire de symboles. Soyez attentif à ceux-ci. Vous pouvez aussi confirmer votre interprétation au moyen d'un autre mode. Exercez-vous. Comme je vous l'ai recommandé, abordez tout cela comme un jeu.

Encore une fois, prenez le temps d'assimiler l'information. Êtes-vous un intuitif visuel ?

Il est possible que l'intuition visuelle ne soit pas votre mode naturel. Ne vous inquiétez pas. Vous pouvez recourir aux autres modes. Avez-vous reconnu le vôtre ? Si vous le désirez, vous pouvez, grâce à la pratique, perfectionner votre intuition visuelle.

➲ En bref, avec *l'intuition visuelle, vous **voyez**.*

Vous aurez l'occasion d'expérimenter ces modes de perception lorsque nous décrirons le processus intuitif. Pour l'instant, je vous invite à faire quelques réflexions préliminaires sur votre intuition.

RÉFLEXIONS DE COACH

1. Un bilan intuitif

Je vous propose ici de faire un petit retour en arrière pour vous faire prendre conscience du moment où votre intuition vous a parlé et de ce que vous en avez fait. Comme votre connaissance de votre processus intuitif n'est pas encore précise, faites une réflexion « intuitive » sur les expériences que vous avez eues jusqu'à maintenant dans ce domaine.

Vos succès

Réfléchissez aux intuitions qui vous ont poussé à prendre de bonnes décisions. Prenez le temps de bien y réfléchir. Cela vous aidera à prendre conscience du fait que vous avez de l'intuition et que vous pouvez lui faire confiance.

Vos échecs

Réfléchissez aux fois où vous avez eu des intuitions et où vous avez choisi de les ignorer parce qu'elles n'avaient pas de sens. Vous verrez que vous avez de l'intuition et que, peut-être, vous pouvez lui faire confiance.

Inscrivez vos réflexions dans un tableau semblable au suivant.

Voici un exemple de ce que vous pourriez y inscrire :

INTUITION PASSÉE	ACTION (j'ai ignoré mon intuition, j'ai agi, etc.)	CONSTAT
SUCCÈS		
Je salue une collègue que j'aime beaucoup. J'ai un flash (connaissance directe) : ce serait bien de travailler avec elle.	Je choisis de lâcher prise. Je l'oublie.	Quelques heures plus tard, elle me téléphone pour m'offrir de devenir sa partenaire dans un projet.
Au réveil, j'ai vu que le lancement de notre nouveau produit allait échouer.	J'ai partagé ma vision avec l'équipe.	On a constaté que le timing n'était pas bon. On a révisé l'échéancier.
J'ai senti que quelque chose n'allait pas à l'école pour ma fille.	Je lui ai parlé en privé pour qu'elle puisse se confier à moi.	J'avais raison : ma fille était victime de taxage à l'école. J'ai rencontré la direction.
ÉCHECS		
J'ai interviewé un candidat et j'ai su que quelque chose clochait.	J'ai voulu faire une entrevue avec un autre candidat, mais le service des ventes était pressé de pourvoir le poste. Je n'ai pas insisté.	Trois mois plus tard, j'ai constaté que mes doutes étaient fondés. Le candidat n'avait pas l'expertise requise.
J'ai vu une embûche sur la route, comme un mur. J'ai pensé que je m'imaginais des choses.	J'ai gardé la même vitesse.	Il y avait un accident à 500 mètres. J'ai failli en être victime. J'aurais dû ralentir.

2. Un retour en arrière

Réfléchissez à des situations où vous avez :
- ressenti des sensations physiques qui étaient des messages de votre intuition. De quelle façon votre corps communiquait-il avec vous ? (intuition sensorielle)

- vu des messages intuitifs. Comment l'information s'est-elle présentée à vous? (intuition visuelle)
- entendu de l'information intuitive. Qu'entendiez-vous? D'où venait le son ou la voix? (intuition auditive)
- su quelque chose hors de tout doute. Quel était le message de votre intuition? Quelle était la forme de cette perception? (intuition directe)

Notez ces réflexions dans votre journal en utilisant un tableau semblable au suivant.

Voici un exemple de ce que vous pourriez y inscrire:

MODE INTUITIF	CONSTAT
INTUITION SENSORIELLE	Je me rends compte que, lorsque j'ai mal au ventre sans raison physique, mon intuition me parle. C'est arrivé à plusieurs reprises. Je n'y ai pas prêté attention. Par exemple, quand j'ai accepté que mon fils sorte avec ses amis, j'ai ressenti ce mal de ventre. La soirée a mal tourné. Mon intuition m'avait parlé. Elle m'avait révélé que j'avais pris la mauvaise décision.
INTUITION DIRECTE	L'autre jour, j'ai su sans l'ombre d'un doute que je trouverais le cadeau de Paul au beau magasin de décoration du village. C'est venu comme un flash. Je pensais lui acheter un présent, et ce magasin est arrivé dans ma tête, comme une pensée. Le cadeau était là. Il était parfait.
INTUITION AUDITIVE	L'autre jour, je devais aller magasiner, mais j'ai entendu une voix qui m'a dit: «Reste donc à la maison.» J'ai d'abord pensé que je me parlais à moi-même, avec ma voix de mère supérieure, celle qui me blâme souvent. Cependant, ce raisonnement n'était destiné qu'à me convaincre de sortir, parce que je sors peu et que cela me pèse parfois. Finalement, j'ai décidé d'écouter la voix. J'ai réalisé que mon intuition m'avait parlé: mon amie Sylvie m'a téléphoné pour me demander si elle pouvait venir me voir. On ne s'était pas vues depuis des mois. Une chance que je me suis écoutée.
INTUITION VISUELLE	Un ami me parle d'une machine qu'il tente sans succès d'acheter aux États-Unis. Je lui demande s'il ne peut pas la construire lui-même. Je vois la machine dans ma tête. Finalement, il la bâtit, et elle est exactement comme je l'avais imaginée. C'est super. Je n'avais jamais vu cette machine auparavant. La même chose m'arrive pour les rapports que j'ai à préparer. Je les vois avant de les faire. Je dois avoir beaucoup d'intuition visuelle.

3. Les modes de perception

Après avoir fait les exercices précédents, révisez vos expériences et répondez à la question suivante : quel est votre mode de perception dominant ?

Exemples de réflexions :

- On dirait que j'ai beaucoup d'intuition sensorielle. Je *sens* les choses.
- Je suis plutôt visuel. Je *vois* les choses.
- On dirait que je *sais* les choses. C'est donc l'intuition directe qui est mon mode dominant.
- Moi, je *sens* et j'*entends*. Je sens quand cela va ou pas, puis j'entends quelqu'un parler dans ma tête. J'ai toujours pensé que je me parlais à moi-même. Intéressant.

À votre tour.

• • •

Maintenant, vous connaissez les modes de perception. Peut-être avez-vous une idée de votre mode dominant. Comme je vous l'ai mentionné, nous aurons l'occasion d'expérimenter avec les divers modes au cours du processus intuitif.

Je vous invite à me suivre pour définir les attitudes intérieures à cultiver et les trucs à adopter pour développer votre intuition.

4

Pour développer son intuition

Cultiver les 6 alliés de l'intuition

Six alliés vous aideront à améliorer et à utiliser votre intuition. Certains d'entre eux représenteront peut-être un défi pour vous. N'ayez crainte, ils sont surmontables. Avec un peu de persévérance, vous les maîtriserez. Je vous propose ici quelques réflexions. Ne sous-estimez pas leur importance. Le simple fait de prendre conscience de ces éléments vous aidera à les intégrer dans votre vie. Cela peut faire une différence de taille.

Allié nº 1 : croyez-y !

Voici un allié important : **croire que l'intuition existe.** Plus vous croyez en quelque chose, plus il y a de chances que cela vous arrive. De plus, le simple fait de **décider** d'y croire encourage le déploiement de vos capacités intuitives. Votre pouvoir de décision est très grand. Vous avez le choix : soit vous attendez des preuves avant de décider de croire, soit vous décidez de croire dès maintenant. Je vous propose d'adopter la deuxième option et de vous laisser surprendre par les résultats.

Que décidez-vous ? Vous n'avez rien à perdre et tout à gagner. Allez. Super !

En relevant ce défi, vous acquerrez une confiance solide qui résistera à toutes les intempéries. Parfois, il est nécessaire d'avoir la foi avant qu'une chose se manifeste. C'est le cas ici. Je vous encourage à expérimenter pour vous-même, malgré ce que les autres peuvent en penser.

> ◎ Un rappel **Votre allié n° 1 :** croyez-y !
> **Le truc :** décidez dès maintenant que cela fonctionnera pour vous aussi et que vous allez expérimenter l'intuition.

Allié n° 2 : soyez présent à vous-même

Un des moyens pour rester connecté à votre intuition, c'est de **vivre dans le moment présent.** Les intuitions se révèlent à vous quand vous êtes là pour les capter, particulièrement celles qui se manifestent spontanément.

Quand je dis qu'il y a « quelqu'un à la maison », c'est vraiment de cela que je parle. Cela signifie qu'il vous faut être là pour vous, dans le présent. Ainsi, vous pourrez vraiment sentir, voir, entendre, savoir ce qui se passe. Être présent veut dire :

- être avec ce qui se passe autour de vous ;
- être à l'écoute de vous-même et des autres ;
- sentir ce qui se passe en vous et autour de vous.

C'est être **ici et maintenant.**

Il ne s'agit pas de vous complaire dans les drames du passé ou dans les anxiétés de l'avenir. Il s'agit d'être là aujourd'hui, en cette minute précieuse pleine de possibilités et d'information qui vous guideront vers ce qui est important pour vous. Dans l'ici et le maintenant, vous captez les messages, mais c'est aussi l'occasion de vivre le bonheur du moment présent. Pensez-y : le passé n'est plus là et l'avenir n'existe pas. Tout ce qu'il y a d'offert pour vivre le bonheur, c'est l'instant présent. Ne le ratez pas !

Dans la présence, vous restez branché à votre intuition. Vous bénéficiez ainsi en tout temps de sa sagesse. C'est comme conduire une auto en gardant le GPS ouvert pour recevoir ses messages. Quand vous demeurez présent, votre GPS est allumé. Portez attention : votre intuition peut vous rediriger à n'importe quel moment...

Excitant, n'est-ce pas ?

Avec l'allié suivant, le n° 3, je vous propose des rituels qui **amélioreront la qualité de votre présence**. Je sais, je sais, c'est peut-être un nouveau mode de vie pour vous. Commencez votre exploration tranquillement ; rien ne presse. Faites des essais. Vous verrez, ça en vaut la peine.

> ◎ Un rappel **Votre allié n° 2 :** soyez là, ici et maintenant !
> **Le truc :** arrêtez-vous régulièrement dans la journée pour vous demander où vous êtes. Êtes-vous à la maison ?

Allié n° 3 : soyez calme intérieurement

Le calme intérieur est un autre allié important. Cultivez un espace de silence intérieur, où votre tête est vide, où votre mental est plus tranquille ; la perception de l'information intuitive en sera facilitée. Peu importe le mode de perception, cet état permet la connexion à la sagesse du cœur. Plus vous êtes calme, plus vous percevez clairement et facilement l'information intuitive.

Avec la pratique, vous saurez quand votre intuition vous parle, même en pleine action. Même si cela vous semble impossible, chers parents qui ont une vie de fou, je vous assure que vous pouvez maintenir un espace de calme intérieur dans tout ce chaos. En gardant une position d'observateur tout en étant actif et en vous regardant aller, vous saurez quand votre intuition vous parle et quand il est temps de prendre un petit moment d'arrêt pour faire le vide intérieur afin de capter ses messages.

Un des moyens les plus efficaces d'atteindre cet espace de silence, de vous vider la tête rapidement, est de vous adonner à une forme de méditation ou de relaxation. C'est la méthode préconisée par les spécialistes de l'intuition, mais il existe d'autres rituels. En voici quelques-uns, facilement accessibles.

Les rituels favorisant le calme intérieur

Au-delà de la méditation et de la relaxation, plusieurs rituels peuvent vous connecter à votre intuition. Il en existe deux sortes : les quotidiens, qui sont fixes dans le temps (ceux, par exemple, que vous faites tous les matins à la même heure), et les ponctuels, que vous pouvez utiliser selon les besoins du moment.

Les rituels quotidiens

Assurez-vous que vous êtes en mesure de les inclure dans votre vie avec un minimum de dérangement. Sinon, cela ne fonctionnera pas. Cela dit, il est parfois nécessaire de faire de petits efforts pour insérer une nouvelle habitude dans le quotidien. En général, une pratique de vingt et un jours consécutifs est suffisante pour qu'une nouvelle habitude s'installe.

Je partage avec vous mon rituel quotidien. Il est assez élaboré, mais dites-vous que c'est ce dont j'ai besoin pour rester centrée. L'important, c'est de trouver votre rituel à vous.

- Au lever, je bois deux grands verres d'eau pour bien hydrater mon corps.

- Pendant une quinzaine de minutes, je pratique la cohérence cardiaque, une forme de méditation que je vous décrirai au chapitre 5. À la fin de ma séance, je demande à mon intuition quelle est l'attitude intérieure que je dois avoir pendant la journée. Je lui pose cette question : « De quoi ai-je besoin aujourd'hui ? »

- J'écris mes « pages du matin » dans mon journal. Je m'inspire de la méthode de Julia Cameron, décrite dans son livre *Libérez votre créativité*. Cet exercice très puissant libère l'esprit.

- De plus, je consigne ce que je suis, ce que j'ai et ce que je désire créer dans ma journée avec l'aide de l'univers. C'est ma façon de montrer ma gratitude et de travailler en collaboration avec l'univers. Je mets ainsi ma force d'attraction à contribution.

- Je définis mes priorités de la journée pour rester bien centrée.

- Ensuite, je fais un « nettoyage intérieur ». Je relève ce qui a besoin d'être réglé, conscientisé, transformé, etc. Je m'en libère par des réflexions, des prises de conscience, etc.

- Je commence ma journée en étant très centrée. J'utilise l'information intuitive reçue à la fin de ma méditation pour rester connectée à mes besoins toute la journée.

Les rituels ponctuels ou rituels de centration
Ces rituels peuvent être courts ou longs, selon vos besoins. Ils vous permettent de vous connecter rapidement à votre intuition afin de trouver un certain calme intérieur et de vous centrer dans le moment présent.

Je partage les miens avec vous. Notez qu'ils varient selon ce que je vis.

- Je ferme les yeux. Je respire profondément. Je fais descendre ma main droite de la tête au ventre, en passant par le centre de mon corps. Cela me rappelle instantanément de me centrer. En faisant ce geste, je me réaligne automatiquement. Je me souviens de qui je suis. Je me rappelle où se trouve ma source intuitive et créative.

- Je respire profondément en envoyant l'air jusqu'au bas du ventre, sans me soucier d'avoir une « bedaine ».

- Ne riez pas de ce rituel : je récite un *Notre Père,* une prière de la religion catholique. Dans un livre d'Emmet Fox, *Le sermon sur la montagne,* j'ai eu le bonheur de lire son interprétation de cette prière. C'est magnifique. Cela m'inspire de la réciter. Je me connecte ainsi à plus grand que moi, au divin.

- Lorsque je deviens trop volontaire, je me répète : « *Let go, Let God* » (Laisse aller, laisse Dieu). Je me souviens que je suis assistée par des forces plus grandes que moi, peu importe comment elles se nomment, et que je ne peux pas tout contrôler. Quand je dis ces mots, mes épaules s'affaissent de trois pouces. C'est génial. Ça marche à tout coup.

- Je fais le tour de la maison pour regarder mes fleurs ou je vais faire une promenade. Cela me change les idées et me reconnecte à la nature, cette grande source de calme et de sagesse. Cela me détend et m'aide à faire le vide.
- Si je participe à une réunion, je demande une pause-toilettes. Le simple fait de changer d'environnement me donne le temps de respirer et de me recentrer. Je reviens dans la salle avec un nouvel état d'esprit.

Avec le temps, j'ai mis au point la démarche qui me convient le mieux.

Voici une liste qui pourra vous aider à établir vos propres rituels, qu'ils soient quotidiens ou ponctuels.

- Méditer.
- Respirer profondément, jusqu'au bas du ventre.
- Faire un geste de centration.
- Fermer les yeux.
- Demander de l'aide, de la clarté.
- Poser une question : « Qu'est-ce que j'ai besoin de savoir dans cette situation ? »
- Faire de l'exercice pour faire circuler l'énergie : yoga, marche, course, vélo, etc.
- Faire une activité qui sollicite le cerveau droit, côté créatif : tricoter, peindre, coudre, bricoler, rénover, jardiner, etc.
- Se connecter à la connaissance universelle de façon consciente, en le demandant.
- Arrêter de penser à ses problèmes, faire une autre activité. Lâcher prise.
- Prier.

RÉFLEXIONS DE COACH

1. Les rituels quotidiens

Créez votre rituel quotidien pour commencer chaque journée dans le calme intérieur et la présence, et ainsi vous connecter à votre intuition. Choisissez une chose qui vous inspire, qui vous fait du bien, qui vous fait plaisir. Ce sera plus facile de l'intégrer à votre vie. Inscrivez votre rituel dans votre journal d'intuition et expérimentez-le pendant quelques jours. Peaufinez-le au besoin.

Exemples :

- Je prends cinq minutes au réveil pour remercier la vie de tout ce que j'ai, peu importe ce que je vis présentement, et pour décider du type de journée que je veux avoir. Je prends de grandes respirations. Je me lève en douceur.
- Au cours de la journée, je prends un temps d'arrêt toutes les deux heures. Je ferme les yeux et je respire profondément. Je me questionne pour savoir où j'en suis.
- Le soir, je prends quelques minutes avant de me coucher pour écrire des notes sur ma journée dans mon journal.

2. Les rituels ponctuels

Ce sont les rituels de centration que vous utiliserez pour vous connecter à votre intuition à l'étape 3 du processus intuitif, décrit au chapitre 5. Sélectionnez ce qui vous convient dans la liste ou créez un nouveau rituel. Expérimentez et modifiez au besoin.

Exemples :

- Moi, c'est le tricot qui me centre le plus. Quand je tricote, j'ai des idées géniales. Au bureau, je vais aux toilettes, où je prends des respirations profondes. Ça marche bien.
- Le vélo ou la course en hiver me centrent vraiment. Pour moi, c'est semblable à de la méditation. Comme je ne peux pas faire de vélo au travail, je respire profondément quand je me sens en déséquilibre.

À votre tour. Inscrivez vos réflexions dans votre journal d'intuition.

Pour être présent et calme intérieurement, vous aurez peut-être quelques défis à relever. Je vous en présente trois.

Défi n° 1 : un horaire chargé

J'imagine que certains d'entre vous se reconnaissent.

Un truc : pour alléger votre emploi du temps et rester centré, évaluez ce qui est **vraiment** prioritaire dans votre vie et ce dans quoi vous désirez investir votre énergie. Selon le principe d'attraction, tout ce sur quoi vous portez votre attention grandira.

Je sais qu'il est souvent difficile de modifier un horaire à cause des enfants, du boulot et de tout le reste. Il est cependant possible de **modifier votre attitude intérieure.** Vous pouvez avoir une vie chargée tout en cultivant la présence et une attitude de calme. Cette attitude vous gardera connecté à votre intuition, même dans les moments de grand stress. Vous pouvez aussi utiliser un de vos rituels pour favoriser une connexion rapide et efficace à l'intuition.

Défi n° 2 : un mental embourbé

Un mental embourbé peut vous empêcher d'accéder à votre intuition. Voici quelques exemples pour clarifier ce dont il est question :

- Vous faites une chose en pensant à autre chose ou à la prochaine tâche que vous devez accomplir.
- Vous êtes une machine à penser. Ne vous inquiétez pas, on peut en guérir ! J'en étais une et j'ai réussi à freiner la machine.
- Vous vivez dans la peur de ce qui va arriver, dans les dossiers non réglés, dans le « je devrais » plutôt que dans la joie du moment présent.

Vous vous reconnaissez ? Vous n'êtes pas seul. La plupart des gens ont un mental embourbé.

Comme l'intuition communique de façon subtile, tentez de préserver un petit coin de mental plus calme pour entendre ses messages. C'est un défi, je vous l'accorde. Néanmoins, vous pouvez mettre certaines choses en place pour y arriver.

Des trucs :

- Cultivez l'habitude de faire une chose à la fois, en vous concentrant sur ce que vous faites à ce moment-là. Ne pensez pas à ce que vous ferez après.

- Vivez dans le moment présent. Pour y arriver, respirez profondément, ce qui vous ramène dans le présent, c'est garanti ! *Le pouvoir du moment présent*, d'Eckhart Tolle, est un livre merveilleux pour cultiver et comprendre l'importance et le pouvoir du moment présent. Il vaut l'investissement.

- Commencez votre journée en décidant de ce que vous devez absolument faire et laissez le reste aux bons soins de l'univers. De toute façon, je parie que vous ne pouvez rien faire à propos de ces différents « dossiers » (sauf vous inquiéter !). Vous y reviendrez quand ce sera le temps, et ils auront peut-être avancé en votre absence. Cela vous libérera l'esprit.

- Pour réduire le flot de vos pensées, méditez, détendez-vous ou joggez. Ma collègue Anne utilise le truc suivant : elle se met en position d'observatrice et, lorsqu'elle se surprend à penser à trois choses simultanément, elle se dit simplement : « Tiens, Anne est en train de penser à trois affaires en même temps. » Le but de l'exercice est d'employer la troisième personne et, ainsi, de ne pas alimenter le dialogue interne.

- Cultivez la propension au bonheur. Vous pouvez toujours **décider** d'être heureux. Le bonheur est un choix, un état d'esprit ! Plus vous

vous entraînez à croire au bonheur et aux bonnes choses qui peuvent vous arriver, plus vous vivrez des expériences agréables. C'est en accord avec la force d'attraction.

Toutes ces habitudes demandent une certaine rigueur, ou ce que j'appelle de la discipline personnelle. Je sais, je sais, vous haïssez ces mots. Quand je travaille avec mes clients, c'est la partie la plus difficile à mettre en place, car cela nécessite un changement. Souvenez-vous : il faut **vingt et un jours consécutifs** de pratique pour qu'une nouvelle habitude devienne automatique. Une fois que l'habitude est ancrée dans leur quotidien, les gens ne peuvent plus s'en passer. S'ils abandonnent leur rituel (ce mot me semble moins rébarbatif que « discipline »), ils ne se sentent pas bien. Bref, l'essayer, c'est l'adopter.

Défi n° 3 : les charges émotionnelles

Lorsque vous êtes bouleversé sur le plan émotionnel, votre intuition est plus difficilement accessible.

Un truc : si vous avez une décision à prendre et que vous êtes affecté sur le plan émotionnel, prenez du recul par rapport à ce qui vous arrive. Ainsi, vous pourrez mieux vous connecter à votre radar pour capter l'information intuitive. Si c'est urgent, quelques bonnes respirations profondes jusqu'au bas du ventre vous permettront de retrouver votre calme intérieur. Cette technique sera encore plus efficace si vous pratiquez régulièrement une forme de méditation ou de relaxation. Une promenade peut aussi vous aider à retrouver votre connexion à l'intuition.

> ◎ Un rappel **Votre allié n° 3 :** soyez calme intérieurement.
> **Le truc :** utilisez votre rituel de centration pour maintenir ce calme et respirez par le nez !

Allié nº 4 : soyez ouvert à l'imprévu

Vivre de façon intuitive suppose une bonne part d'inconnu. Si vous restez connecté à votre radar intérieur, vos pas vous guideront vers ce qu'il y a de mieux pour vous dans le moment présent. Soyez prêt à vivre des imprévus.

Cela veut dire bien des choses :

- Vous ne saurez pas nécessairement comment vous atteindrez votre destination. Il se peut même que celle-ci change en cours de route ou qu'elle diffère complètement ce que vous aviez imaginé.

- Vous agirez même si vous n'avez pas encore une vision globale de votre destination. C'est tout un défi, car nous sommes habitués, moi du moins, à avoir un plan de match et à vouloir que les événements se passent comme prévu.

- Vous recevrez des réponses complètement différentes de celles que vous attendiez ou espériez. Cela vous insécurisera un peu au départ. Attendez-vous à être surpris par l'univers, qui a une connaissance du présent, du passé et de l'avenir. Ses réponses peuvent être plus appropriées que les vôtres. Il est possible que vous ignoriez ce dont vous avez réellement besoin. Il est aussi possible que vous ne connaissiez pas tous les éléments requis pour décider de l'action la plus juste pour vous.

Accueillez ces cadeaux avec plaisir. Je suis certaine que vous en prendrez vite l'habitude et que vous savourerez ces belles surprises. Laissez-vous surprendre. Personnellement, j'adore cela. C'est excitant !

L'ouverture à l'imprévu suppose de laisser de côté votre esprit analytique. C'est un défi important à relever. Comme je l'ai déjà mentionné, votre cerveau est composé de deux parties : la rationnelle et l'intuitive. Elles sont toutes deux importantes pour votre bien-être. Le défi est d'apprendre à vivre en équilibre entre ces deux modes.

Si vous êtes coincé dans votre esprit rationnel et que toute votre vie est dirigée par votre mental, vous vous privez d'une partie précieuse de votre potentiel. Sortez de votre tête de temps en temps pour entendre la voix de votre cœur. Votre qualité de vie en sera améliorée.

Si vous faites face à une situation difficile, mettez-vous à l'écoute de ce que votre cœur vous dit. Faites ensuite une analyse rationnelle, ou alors, élaborez votre plan de match à partir de votre intuition. Vos rituels vous aideront dans cette entreprise.

Osez faire preuve d'ouverture à l'égard de votre intuition. Elle vous surprendra, c'est certain. Vous constaterez que c'est souvent pour le mieux et que c'est drôlement plus créatif que ce que vous aviez imaginé. Une vie intuitive implique de l'inconnu, du mystère, de l'imprévu. Valsez avec la vie. Faites-lui confiance. Vous êtes en sécurité, car il y a quelqu'un à la maison. Sachez aussi que la bonne réponse va venir au bon moment. Votre intuition vous communiquera l'information requise au moment adéquat. Souvenez-vous que votre grand sage travaille pour votre plus grand bien. Dans l'univers intuitif, les règles de la raison ne s'appliquent plus. Pas question d'avancer de façon volontaire ; vous laissez plutôt les choses venir à vous.

> ◎ Un rappel **Votre allié nº 4 :** soyez ouvert à tout ce qui peut se passer, à l'imprévu !
> **Le truc :** oubliez ce que votre tête désire et laissez de la place à la voix de votre cœur.
> **Vous pourrez réconcilier les deux par la suite.**

Allié n° 5 : ayez le courage d'agir

Vivre de façon intuitive demande beaucoup de courage. Ce dernier comporte deux aspects : d'une part, **il vous faut accepter les réponses du cœur** ; d'autre part, vous devez **agir selon les réponses reçues.**

Imaginons que vous êtes insatisfait de votre relation amoureuse. Vous choisissez de consulter votre intuition pour savoir quelle est la meilleure décision pour vous, en accord avec votre cœur. Vous recevez une réponse révélant qu'il est préférable de quitter la personne, malgré l'insécurité affective et financière qui en résultera. Vous aurez besoin de courage pour écouter cette information intuitive. Il vous faudra vaincre vos peurs et faire le geste. Une fois que vous aurez agi, vous réaliserez probablement que vous saviez depuis un bon moment que c'était la chose à faire.

J'ai une entente sacrée avec mon intuition. Je ne lui pose pas de question si je ne suis pas prête à accepter la réponse. Évidemment, le libre arbitre entre en ligne de compte ; le choix final me revient. Je m'exerce constamment à avoir le courage d'honorer les désirs de mon cœur. Je ne suis pas parfaite au chapitre de ce courage, mais j'essaie. Comme le dit Barbara Winter, une auteure américaine : « La vie rétrécit ou se déploie selon le courage dont on fait preuve. »

> ◉ Un rappel **Votre allié n° 5 :** ayez le courage d'agir à partir des réponses de votre intuition.
> **Le truc :** souvenez-vous que votre intuition travaille pour votre plus grand bien, pour votre bonheur. Cela vous aidera à faire preuve de courage.

Allié n° 6 : exercez-vous, exercez-vous, exercez-vous

L'intuition est une faculté innée, accessible à tous. Vous pouvez parfaire la vôtre. Comme c'est le cas pour tous les talents, vous devez vous y exercer avant de pouvoir l'utiliser efficacement. Je vous encourage donc **à pratiquer, à pratiquer et à pratiquer encore.** L'intuition est comme un muscle : il vous faut la solliciter régulièrement si vous souhaitez qu'elle donne sa performance optimale.

Adoptez la « théorie des petits pas ». Expérimentez progressivement, à l'aide de situations anodines ou des exercices proposés. Faites un pas à la fois. Testez, évaluez, retestez, réévaluez. Faites de cette expérience une sorte de jeu. Faites-vous un point d'honneur de vous connecter à votre intuition aussi souvent que possible. Plus vous l'utiliserez, plus vous aurez confiance en elle. Vous découvrirez une chose extraordinaire : **vous pouvez vous en servir partout, en tout temps.**

Comme je l'ai mentionné précédemment, vous avez accès à votre intuition de façon spontanée ou « sur demande ». Le processus présenté au chapitre 5 vous aidera à vous exercer dans des situations où vous avez besoin d'accéder à votre GPS. En vous exerçant, tenez compte de votre niveau d'expertise. Quand vous apprenez à skier, vous ne vous rendez pas dès le début sur les pistes d'experts. Vous vous attaquez d'abord aux pistes de débutants. Si vous les descendez avec succès, vous gagnez en confiance et vous montez de niveau. C'est la même chose avec l'intuition.

Pour bâtir votre talent intuitif, commencez par de petites choses. Si vous ne percevez pas d'information au premier essai, cela ne veut pas dire que vous êtes dépourvu d'intuition. Vous en avez, je vous le garantis. Essayez de nouveau. Votre niveau d'expertise variera selon la **per-**

sévérance dont vous faites preuve. Vous ne le regretterez pas. L'intuition est un outil important pour savoir ce qui est juste et approprié pour vous. Elle vous guidera vers une vie facile, fluide et joyeuse.

> ◎ Un rappel **Votre allié n° 6** : exercez-vous, encore et encore.
> **Le truc** : intégrez l'intuition dans votre processus décisionnel quotidien. Demandez à votre GPS quelle direction il vous propose.

Voyons maintenant où vous en êtes par rapport à chacun de ces alliés. Cette réflexion vous aidera à faire le point sur la question et à déterminer ce que vous devez améliorer.

RÉFLEXIONS DE COACH

Pour chacun des alliés, déterminez où vous en êtes et quelle décision vous souhaitez prendre pour installer cette attitude dans votre vie. Prenez conscience des plus grands défis que vous avez à relever. Quels moyens vous donnez-vous pour le faire ?

Le tableau suivant contient des exemples.

ALLIÉ	CONSTAT	DÉCISION
N° 1 LA CROYANCE	Il est vrai que j'ai des doutes. Je doute de ma petite voix car, souvent, elle me dit autre chose que ce que me dit ma logique.	Je n'ai pas le choix. Si je veux avancer avec mon intuition, je dois y croire. Je dois croire que j'en ai (au fond, je le sais déjà) et, surtout, croire qu'elle va m'aider.
N° 2 LA PRÉSENCE À SOI-MÊME	Ça, c'est un gros problème. Je fais des sorties avec mes enfants, mais j'ai encore la tête au bureau. Je suis en réunion et je joue avec mon BlackBerry. Je manque tout ce qui se passe. Je réalise que *je ne suis pas là* pour sentir ce qui se passe. Je sais que je sens les choses, mais je n'en profite pas.	J'éteins mon BlackBerry au cours des réunions. Je choisis de meilleurs moments pour mes activités avec mes enfants, afin d'être vraiment présent. Je reste présent à ce que je ressens. Tiens, je vais m'arrêter régulièrement pour **sentir comment je vais**. Je me sens très fier de cette décision.
N° 3 LE CALME INTÉRIEUR	Je cours sans m'arrêter pour réfléchir ou pour sentir ce qui se passe présentement. Je pense à plein de choses en même temps. Que je sois avec mes enfants ou avec mes collègues, je pense à autre chose, qui n'a rien à voir avec ce qui se passe. En plus, je suis colérique. Je prends souvent des décisions sous le coup de la colère... et ce sont souvent de mauvaises décisions.	Je commencerai ma journée en faisant quelques minutes de relaxation avant de sortir du lit, pour réfléchir à ce que je veux accomplir. À partir de maintenant, je me concentre sur une chose à la fois. À la fin de la journée, je vais faire le point pour savoir comment cela s'est passé et pour réajuster le tir. Je me dis aussi que je ne prendrai plus de décisions si je ne suis pas calme. S'il le faut, je demanderai un délai. Vaut mieux attendre que de prendre une mauvaise décision.

ALLIÉ	CONSTAT	DÉCISION
N° 4 L'OUVERTURE À L'IMPRÉVU	Je suis parfois entêté. Quand j'ai une idée arrêtée sur un sujet, je n'entends plus rien, ni mon intuition ni les autres. Cela me nuit. Si on ne peut pas me démontrer de façon rationnelle le bien-fondé d'une décision, je ne bouge pas. Je ne suis pas à l'écoute de ce que mon intuition me dit. Pourtant, je sais qu'elle a essayé de me parler à plusieurs reprises!	Je commence dès maintenant à faire preuve d'ouverture à l'égard de mon intuition en acceptant des réponses différentes. Je vais remettre en question mes idées préconçues. Je vais rester ouvert aux autres réponses, qu'elles soient intuitives ou non. C'est tout un défi, mais je suis capable de le relever. Super! Je conserve mon côté analytique, mais j'y ajoute l'aspect intuitif. Ainsi, je serai plus compétent.
N° 5 LE COURAGE D'AGIR	Je me rappelle la petite voix qui me disait que je devais mettre fin à une relation. J'ai attendu, parce que je manquais de courage pour avoir la discussion. J'ai attendu si longtemps que, finalement, ç'a été encore plus difficile. J'ai fait plus de mal à l'autre.	Je réalise que, comme dit mon amie Francine, «tout ce qui traîne se salit». Je m'engage à faire confiance à mon intuition et à aller jusqu'au bout. Je vais m'exercer à avoir du courage! Je veux que ma vie se déploie.
N° 6 L'EXERCICE	Là, j'ai du travail à faire. Je prends de bonnes résolutions mais, finalement, je ne fais rien. Comme pour le gym…	Je m'engage à consulter mon intuition avant de prendre une décision. Tiens, je vais faire le point dans mon journal à la fin de la journée pour voir si je l'ai consultée.

À votre tour. Utilisez un tableau semblable pour faire votre réflexion.

● ● ●

Maintenant que nous avons défini les alliés, je vous invite à examiner les barrières qui peuvent rendre ardus le développement et l'utilisation de votre intuition. Le but est d'éliminer ces obstacles. Lentement mais sûrement, vous posez les fondations qui vous permettront sous peu de vous exercer.

Éliminer les barrières à l'intuition

Explorons ce qui peut nuire à votre intuition. Il est particulièrement important de faire les réflexions de coach qui suivent. Je sais, je dis cela chaque fois. Que voulez-vous, je le pense vraiment. Le simple fait de prendre conscience de ces éléments aide à les éliminer.

Les croyances par rapport à l'intuition

Elles jouent un rôle important dans le développement de votre intuition. Prenons l'exemple des croyances limitantes. Il s'agit d'idées auxquelles vous croyez et qui vous empêchent de pouvoir, d'agir, d'espérer, de vouloir et même de décider. Elles constituent des barrières qui se dressent entre vous et la réalisation de vos désirs ou de vos projets. Comme leur nom l'indique, elles limitent le déploiement de votre potentiel. Elles nuisent à la concrétisation de vos projets. Certaines de ces croyances vous ont été inculquées quand vous étiez très jeune. Elles ne correspondent pas à ce que vous êtes vraiment ou à ce que vous voulez être. Plusieurs d'entre elles risquent de nuire à l'utilisation de votre intuition, de vous limiter dans l'exploitation de ce potentiel.

> ● ● ● Je croyais mordicus que je n'étais pas une personne intuitive. Pourtant, j'étais entourée de gens intuitifs et créatifs. Je me disais que moi, la comptable, la rationnelle par excellence, je n'avais pas accès à cette compétence. Comme mon intuition ne me révélait rien de spectaculaire, je devais en être dépourvue.
>
> Pourtant, dans mon travail, je sentais ou savais ce qui devait être fait. Ma vision était très claire. Par exemple, au moment de la planification stratégique annuelle, j'avais des inspirations soudaines, un sentiment général de savoir comment l'année se passerait. Quand je révisais les budgets avec mes équipes, je pouvais toujours, sans effort, mettre le doigt sur le chiffre qui ne fonctionnait pas.

> Quand j'ai laissé tomber la croyance selon laquelle je ne serais intuitive que si j'avais des révélations spectaculaires, j'ai commencé à déployer ce talent et à le faire travailler pour moi.

Le simple fait de prendre conscience de vos croyances, de vos limites, vous permet de commencer à faire tomber les barrières qui nuisent au déploiement de votre intuition.

Voici certaines croyances.

- Les gens vont penser que je suis fou si je leur parle de mon intuition.
- Le rationnel est plus solide que l'intuitif.
- L'intuition n'existe pas.
- Je vais perdre ma crédibilité au travail si je commence à utiliser mes intuitions.
- Je suis trop rationnelle, je n'y arriverai jamais.
- Je ne suis pas intuitive.
- C'est un don avec lequel on naît. On ne peut pas le développer ; soit on l'a, soit on ne l'a pas.
- Chaque fois que j'ai écouté mon intuition, je me suis planté !

Ce n'est qu'une liste partielle des croyances que vous pouvez entretenir à l'égard de l'intuition. Nous allons prendre un moment pour réfléchir aux croyances qui bloquent l'accès à l'intuition. Ensuite, nous les remplacerons par des croyances « aidantes », qui encouragent le déploiement du potentiel intuitif. C'est à vous de choisir celles que vous voulez adopter. Je vous invite à faire cette réflexion ; ensuite, vous serez en mesure de faire un choix éclairé.

RÉFLEXIONS DE COACH

Les croyances

- Inspirez-vous de l'énumération précédente pour dresser la liste de vos croyances.
- Ensuite, transformez chacune d'elles en croyance aidante.

Utilisez un tableau semblable à celui qui suit pour faire votre réflexion.

CROYANCE	CROYANCE TRANSFORMÉE
Je vais perdre ma crédibilité au travail si je commence à utiliser mes intuitions.	J'excelle dans mon travail, car j'utilise tous les outils à ma disposition, incluant l'intuition. Vu mon expérience, je suis crédible même lorsque mes décisions sont fondées sur l'intuition.
L'intuition n'existe pas, car ce n'est pas scientifiquement prouvé.	Au-delà de la science, je sais que je reçois de l'information intuitive.

À vous de jouer.

Les peurs par rapport à l'intuition

Dans le même ordre d'idées, les peurs que vous entretenez par rapport à l'utilisation de l'intuition nuisent au déploiement de cette dernière. Il importe de réfléchir aux craintes qui vous habitent et à la manière dont elles peuvent vous nuire.

> J'avais peur de plusieurs choses. Une de mes craintes était de me tromper, de mal interpréter les messages de l'intuition et de faire les mauvais choix. Je sentais des choses, mais je doutais de moi. Je demandais l'avis de mes proches. Évidemment, leurs conseils ne rejoignaient pas ce que je

sentais. Pourtant, au lieu d'écouter mon ressenti, je suivais les avis des autres. Cela donnait souvent des résultats qui ne me convenaient pas.

J'avais une autre peur : celle de ne pas aimer le message de mon intuition ou de devoir changer ma vie. Je préférais ignorer la petite voix et faire à ma tête, au risque d'être malheureuse. C'est incroyable : on s'habitue à son état, qu'on soit heureux ou pas.

Il est important de définir les peurs qui vous empêchent d'avoir une vie intuitive et d'accéder à votre sagesse intérieure. Voici quelques exemples de craintes pouvant vous habiter.

- Si je m'ouvre à mon intuition, je vais connaître d'avance des événements qui vont m'inquiéter.

- J'ai peur d'entendre ce que je ne veux pas entendre.

- J'ai peur de l'opinion qu'auront les gens si je leur parle de mes intuitions ; je crains qu'on me prenne pour un illuminé.

- J'ai des pressentiments sur les autres et j'ai peur de la responsabilité que cela comporte.

- Je crains la réaction qu'aura mon conjoint si je commence à consulter mon intuition.

- J'ai peur de me tromper quant à la signification des messages que je reçois.

- Je crains de m'ouvrir à mon intuition mais de ne pas en recevoir de messages.

- J'ai peur de ne pas être intuitive et de vivre un échec.

- Je crains de ne pas aimer les messages que je reçois.

- J'ai peur d'avoir à changer ma vie si j'écoute ma petite voix.

Ces exercices vous aideront à explorer les peurs qui vous habitent.

RÉFLEXIONS DE COACH

Les peurs

- Quelles sont vos peurs par rapport à l'intuition ? Prenez conscience de la façon dont chacune nuit à l'utilisation de votre intuition.
- Reprenez chacune de ces peurs et transformez-la en affirmation positive.

Utilisez un tableau semblable au suivant pour faire votre réflexion.

PEUR	AFFIRMATION POSITIVE
J'ai des pressentiments sur les autres et j'ai peur de la responsabilité que cela comporte.	Mon intuition me guide quant à ce que je dois faire avec l'information.
J'ai peur d'entendre ce que je ne veux pas entendre.	Je fais preuve de courage et j'accepte d'entendre la sagesse intuitive de mon cœur.

Pour peaufiner votre réflexion, faites cet exercice très efficace. Répondez à la question suivante : si vous étiez intuitif, qu'est-ce que cela susciterait en vous comme sentiment, comme peur, comme croyance ? Recherchez une pensée, une crainte, une croyance limitante.

L'exercice qui suit vous aidera à faire cette réflexion. Prenez une feuille et tracez-y deux colonnes. Dans l'une d'elles, écrivez 10 fois : Je suis intuitif. Dans l'autre, consignez les pensées, les peurs et les préjugés qui montent en vous au fur et à mesure que vous écrivez cette affirmation. Les craintes et autres freins à votre intuition vont se transformer, et peut-être même se résorber un peu. Ils se dissiperont plus facilement si vous en prenez conscience. Il est aussi possible que cet exercice vous rende encore plus enthousiaste en ce qui concerne votre intuition.

Exemple :

DÉSIR	CROYANCES, PEURS, PRÉJUGÉS
Je suis intuitif	Pas du tout. Je suis trop dans ma tête.
Je suis intuitif	Peut-être. Je peux toujours essayer d'explorer.
Je suis intuitif	Carole a l'air d'une vraie folle quand elle parle de ses intuitions dans les réunions. Je ne veux pas avoir l'air de ça.
Je suis intuitif	Si je le suis, qu'est-ce qui peut m'arriver ? Je ne maîtriserai plus rien.
Je suis intuitif	Ma petite voix me parle parfois, mais je n'aime pas ce qu'elle me dit. Ça me fait peur.
Je suis intuitif	Ce que ma petite voix me dit m'intéresse. Sans l'opinion des gens, j'oserais.
Je suis intuitif	Bon. Et si c'était vrai ?
Je suis intuitif	Peut-être que ça vaut la peine d'essayer.
Je suis intuitif	J'ai peur des messages que je pourrais recevoir parce qu'au fond je sais que c'est ça qu'il faut que je fasse. En plus, j'ai peur d'avoir l'air fou, moi qui suis si rationnel.

S'il y a lieu, tentez de vous défaire des croyances limitantes, des peurs et des préjugés qui nuisent à votre potentiel intuitif en les transformant en affirmations aidantes.

Exemples :

- Je sais que mon intuition va me guider vers ce dont j'ai besoin. Je fais preuve de courage et je m'ouvre à l'information intuitive.
- Je garde mes intuitions pour moi jusqu'à ce que j'aie acquis de la confiance.

Utilisez un tableau semblable au précédent pour faire l'exercice. Cet outil est très révélateur. Quand ils font un tableau de ce type durant mes conférences, les gens deviennent parfois plus enthousiastes par rapport à leur potentiel intuitif, ou encore, ils prennent conscience des voix saboteuses qui nuisent à sa réalisation.

● ● ●

Après avoir fait ces exercices, vous aurez peut-être circonscrit certaines peurs importantes, qui nécessitent une attention particulière. Je vous encourage à les explorer avec une personne du domaine de la relation d'aide. L'objectif de ces exercices est de vous faire prendre conscience de ce qui peut nuire à l'expansion de votre intuition. Éliminer les obstacles vous permettra d'accéder au merveilleux talent qui attend de se révéler.

FAISONS LE POINT

- Vous savez maintenant comment fonctionne l'intuition en général.
- Vous avez un aperçu des bienfaits de l'intuition.
- Vous avez peut-être découvert votre mode de perception dominant.
- Vous avez pris conscience des alliés qui vous aideront à déployer votre talent intuitif.
- Finalement, vous avez transformé les peurs et les croyances qui risquent de nuire au développement de votre intuition.

Vous êtes maintenant prêt à plonger dans le processus intuitif et à entreprendre vos propres explorations. La grande aventure commence !

5

Le processus intuitif

Comme je vous l'ai déjà mentionné, les messages vous parviennent souvent de façon spontanée. Soudain, vous avez une intuition. En plus, il vous est possible d'obtenir des intuitions sollicitées, de vous connecter «sur demande» à votre intuition et d'accéder aux réponses dont vous avez besoin **maintenant.** Je vous le rappelle, vous avez le potentiel d'accéder à l'information intuitive **en tout temps.**

Le processus intuitif que j'ai conçu vous aidera en ce sens. En étant familier avec ce mode d'emploi, vous améliorerez la qualité de vos intuitions spontanées. Vous serez plus conscient de leur fonctionnement et pourrez ainsi rester à l'écoute, pour **être à la maison.** Vous constaterez que, pour ce qui est de l'intuition spontanée, les étapes 1 et 2 du processus ne sont pas nécessaires. Vous commencez directement à l'étape 3. Cependant, je vous encourage fortement à bien comprendre toutes les étapes. Les deux premières vous seront utiles pour améliorer la qualité de vos questions et pour cultiver votre calme intérieur, nécessaire en tout temps.

Voici un tableau récapitulatif des étapes pertinentes en ce qui a trait à l'intuition spontanée et à l'intuition sollicitée.

ÉTAPES	INTUITION SPONTANÉE	INTUITION SOLLICITÉE
1 – Formulez une question claire.		X
2 – Mettez-vous en état de réceptivité.		X
3 – Captez et interprétez l'information intuitive.	X	X
4 – Agissez à partir de cette information.	X	X

Chacune des étapes du processus sera détaillée dans les pages suivantes. Je vous accompagnerai au fil des exercices qui vous aideront à expérimenter. Avec la pratique, chaque étape s'intégrera facilement dans un processus continu. Ce sera aussi facile que de vous brosser les dents… ou presque.

C'est parti !

ÉTAPE 1
Formulez une question claire

―――――― **L'étape en bref** ――――――

Pour recevoir des réponses utiles, formulez une question claire en lien avec ce que vous désirez savoir sur votre situation, votre désir, etc. Plus la question est précise, plus la réponse est utile.

Cette étape ne s'appliquera pas si vous avez des intuitions spontanées. Cependant, pour obtenir de l'information additionnelle à la suite de telles intuitions, l'étape 1 vous sera utile afin de **préciser votre question**. Allons voir comment bien formuler les questions.

La formulation des questions

Votre intuition répondra à la question que vous lui posez. Plus celle-ci est claire et précise, plus l'information que vous recevez est utile. La réponse vous fera avancer, connaître votre prochain pas, votre besoin du moment, etc. Quand vous posez bien une question, vous y avez souvent déjà à moitié répondu. En effet, comme le besoin d'information est connu, la clarté s'installe.

Pour élaborer votre question, portez attention aux éléments suivants :

- Cherchez-vous un oui ou un non, ou plutôt une réponse complète ?

- Que recherchez-vous : le comment, le pourquoi, le quoi, le qui, le où, le combien, le quand ?

- Votre question doit traiter d'un seul point. Évitez les questions complexes, car vous ne saurez pas à quel aspect de l'interrogation votre intuition aura répondu.

- Votre question doit être spécifique, sans ambiguïté, de sorte qu'une réponse précise soit possible. Par exemple, si vous désirez savoir s'il pleuvra demain, il est important que vous précisiez « à quel endroit ».

- Si vous avez une intention par rapport à votre situation (ce que j'encourage), assurez-vous que votre question la respecte. Consultez « l'intention, un pouvoir inexploité » page 107, pour en savoir plus sur ce point.

Exemples de questions :

- Qu'ai-je besoin de connaître sur cette situation ?
- Quelle est la meilleure destination vacances pour ma famille ?
- Quel est le prochain pas pour me rapprocher de mon désir ?
- Parmi les deux écoles que pourrait fréquenter ma fille, laquelle répondra le mieux à ses besoins ?
- Dois-je accepter telle ou telle chose ?
- Combien dois-je offrir pour cette maison ?

EXERCICE DE COACH

1. Circonscrire des situations

Définissez des situations pour lesquelles vous aimeriez avoir l'aide d'un conseiller. Consignez-les dans votre journal. Vous en utiliserez une pour tester votre intuition.

Exemples d'ordre professionnel :

- Je désire savoir comment régler mon conflit avec ma collègue Louise.
- Je désire connaître ce qui manque à mon projet de développement pour que je puisse le mener à terme.
- Je désire circonscrire les éléments à inclure dans mon rapport d'opération semestriel.

Exemples d'ordre personnel :

- Je désire savoir quel loisir me conviendrait le mieux pour améliorer ma créativité.
- Je désire savoir de quelle manière je pourrais aider mon conjoint à surmonter ses difficultés courantes.
- Je désire savoir pourquoi je suis irritable ces derniers temps.

2. Formuler une question

Choisissez une des situations que vous avez définies dans l'exercice précédent, puis formulez votre question en suivant les recommandations énumérées précédemment. Relisez votre question et assurez-vous qu'elle satisfait aux critères et qu'elle reflète vraiment ce que vous désirez savoir. Révisez au besoin.

Note : si votre situation est confuse et complexe, faites la réflexion « Clarifier une situation difficile », proposée à la page suivante. Elle vous aidera à clarifier votre position, et vous pourrez ainsi formuler une bonne question.

Exemples d'ordre professionnel :

Situation : Je désire savoir comment régler mon conflit avec ma collègue Louise.
Question : Quel est le meilleur moyen de régler mon conflit avec Louise ?

Situation : Je désire connaître ce qui manque à mon projet de développement pour que je puisse le mener à terme.
Question : De quoi ai-je besoin pour terminer mon projet de développement ?

Situation : Je désire connaître les éléments à inclure dans mon rapport d'opération semestriel.
Question : Quels éléments dois-je inclure dans mon rapport semestriel ?

Exemples d'ordre personnel :

Situation : Je désire savoir quel loisir me conviendrait le mieux pour améliorer ma créativité.
Question : Quel loisir me conviendrait le mieux pour améliorer ma créativité ?

Situation : Je désire savoir comment je pourrais aider mon conjoint à surmonter ses difficultés courantes.

Question : Comment puis-je le mieux soutenir mon conjoint dans ses difficultés ?

Situation : Je désire savoir pourquoi je suis irritable ces derniers temps.

Question : Pour quelles raisons suis-je irritable ?

À votre tour. Inscrivez votre question dans votre journal d'intuition. Vous allez l'utiliser pour faire les exercices au fil des prochaines étapes.

● ● ●

Clarifier une situation difficile

Si vous êtes dans une situation compliquée, il est possible que la « bonne question » ne soit pas évidente. Je vous propose d'utiliser la démarche suivante pour clarifier votre besoin d'information et pour formuler votre question. Vous pouvez aussi employer cette méthode pour résoudre des problèmes tant personnels que professionnels. Vous verrez, tout deviendra plus clair assez rapidement.

Voici les étapes de la démarche. Vous vous exercerez dans quelques instants. Pour vous aider à bien saisir chaque étape, consultez les deux exemples mentionnés dans l'exercice de coach qui suit.

1. **Définissez brièvement votre problématique.** Décrivez, de façon concise, ce à quoi vous faites face présentement.

2. **Définissez votre intention dans la situation.** Pour avoir des explications sur ce qu'est l'intention, consultez la page 107. Votre intention a une influence sur la réalisation de votre désir. Pour augmenter la pertinence de l'information intuitive, définissez précisément votre intention dans cette situation, puis demandez à être guidé. Assurez-vous que votre intention est **positive**. Quand vous utilisez votre

intuition, vous accédez au plus haut degré de potentiel. En ayant une intention positive, vous accédez à des informations alignées sur votre bien-être et sur le bien de tous.

L'intuition ne doit jamais servir à manipuler ou à dominer une autre personne ou vous-même. C'est un talent sacré que vous devez employer avec **révérence**. Je vous invite à réfléchir à votre intention quant à l'utilisation de votre intuition. La mienne est la suivante : *J'utilise mon intuition pour vivre dans la facilité, la fluidité, la joie et l'abondance, dans la justesse de mon être*. Je sais, je suis comme un vieux disque qui saute. Ça fait 10 fois que je vous le répète. C'est ma marotte et j'y tiens.

L'INTENTION, UN POUVOIR INEXPLOITÉ

- L'intention, c'est l'essence de ce que vous voulez créer.

- L'intention vous porte, vous aide à vous élancer vers votre but. Elle produit une énergie qui vous met en mouvement vers ce que vous désirez. Elle vous aide à concentrer cette énergie sur ce qui est important pour vous. L'intention vous permet de centrer votre pensée, et l'énergie va là où se concentre la pensée.

- L'intention, c'est comme une toile de fond, un filet de sécurité. Elle vous soutient dans ce que vous voulez créer. Elle vous garde dans la bonne voie. Elle vous accompagne dans chacune de vos actions.

- L'intuition diffère du désir ou de l'objectif. Elle se définit par son **essence** plutôt que par sa forme ou par son but. Pour cette raison, elle porte une vibration très puissante.

- Par exemple, si vous avez des difficultés de communication avec quelqu'un, votre objectif est sans doute d'améliorer la situation. Votre intention, cependant, peut varier. Elle peut viser à créer de l'harmonie entre l'autre et vous, à connaître la vérité au sujet du lien qui vous unit, à être complice avec l'autre, à être vrai dans cette relation, à éprouver de la joie, etc. Chacune de ces intentions porte une énergie très précise et crée un résultat différent.

---

3. **Définissez les faits de façon objective, sans jugement ni interprétation.** Il est possible de manquer d'objectivité ou de recul dans une situation difficile. Les faits et les émotions s'embrouillent plus facilement. Le problème devient un beau fouillis.

    Vous devez vous demander pourquoi je vous propose d'être « rationnel » alors que ce livre traite de l'intuition. Comme je vous l'ai déjà mentionné, le recours aux deux hémisphères du cerveau optimise le potentiel humain. Alors, avant d'accéder à l'intuitif, mettez de l'ordre dans vos pensées. Cela vous permettra de mieux maîtriser la situation. Souvenez-vous : les charges émotionnelles nuisent à la captation de l'information intuitive.

    Démêlons tout cela. D'abord, répondez à la question suivante : quels sont les faits liés à votre situation ?

4. **Clarifiez et acceptez vos sentiments devant la situation.** Après avoir circonscrit les faits, soyez clair en ce qui concerne vos sentiments. Vous aurez ainsi le détachement nécessaire à la perception des informations intuitives. Si d'autres personnes sont impliquées dans la situation, tentez de connaître ou de percevoir leurs sentiments. Comme vous pourrez le constater en faisant l'exercice dans quelques instants, vous allez percevoir des solutions. En accédant à votre intuition, vous découvrirez d'autres possibilités.

5. **Clarifiez votre besoin d'information par rapport à la situation.** Répondez à la question suivante : qu'ai-je besoin de clarifier et de savoir dans la situation où je suis ? Lorsque vous ferez l'exercice, vous aurez l'impression que tout est clair et que les solutions sont évidentes. Ce sera peut-être le cas, mais pas nécessairement. En effet, par l'intermédiaire de votre intuition, des solutions plus créatives que celles déterminées par le mental risquent d'émerger. À vous de les trouver.

Toutes les étapes de cette démarche ne seront peut-être pas nécessaires. Ce qui importe à ce point, c'est d'avoir une vision claire et objective de ce que vous vivez, de ce que vous ressentez, de ce que vous désirez et de ce que vous avez besoin de savoir.

La question est presque là, prête à être posée à votre intuition. Il est le temps de s'entraîner.

EXERCICE DE COACH

Clarifiez votre situation

Si votre situation est confuse et complexe, suivez la démarche décrite précédemment. Consignez votre question dans votre journal d'intuition. Vous l'utiliserez pour faire les exercices au cours des prochaines étapes.

Le tableau qui se trouve à l'annexe 1 (page 149) vous aidera à faire cet exercice.

Voici deux exemples qui peuvent vous aider.

Exemple sur le plan personnel

PROBLÉMATIQUE. Décrire brièvement la problématique.
J'ai un conflit avec mon conjoint quant à la gestion du budget familial. Nous vivons au-dessus de nos moyens. Je n'arrive pas à lui faire prendre conscience de ce problème.

INTENTION. Définir l'intention positive dans la situation.
Je règle notre conflit sur la gestion des finances de la famille avec ouverture, respect et honnêteté.

FAITS. Établir clairement les faits de façon objective, sans jugement ni interprétation.
J'ai tenté deux fois de communiquer avec Paul. Je lui ai fait part de notre situation financière sans avoir de bilan précis. J'étais paniquée. Je l'ai accusé, sans lui donner vraiment la chance de s'exprimer. Nos dettes s'accumulent.

SENTIMENTS. Clarifier et accepter ses sentiments par rapport à la situation. Définir les sentiments des personnes impliquées.
Je me sens angoissée. Je suis en colère contre Paul. J'ai peur que nous manquions d'argent. Je n'y vois plus clair. Je me sens seule. Je sens que Paul a le vertige, qu'il a peur de faire face à la situation. Nous nous retranchons dans nos positions au lieu de parler ouvertement.

BESOIN. Répondre à la question suivante : qu'ai-je besoin de clarifier et de savoir quant à la situation que je dois affronter ?
J'ai besoin de connaître notre situation financière réelle et de faire ce bilan avec Paul.

FORMULATION DE LA QUESTION.
Comment puis-je recueillir l'information pour faire le point sur notre situation financière en impliquant Paul de façon ouverte et respectueuse ?

Exemple sur le plan professionnel

PROBLÉMATIQUE. Décrire brièvement la problématique.
Je suis contrariée dans mon projet de réaménagement des bureaux. Ce dernier doit être terminé dans deux semaines, et je n'ai pas encore reçu le mobilier.

INTENTION. Définir l'intention positive dans la situation.
Je termine le réaménagement efficacement, en comblant les besoins de tous.

FAITS. Établir clairement les faits de façon objective, sans jugement ni interprétation.
J'ai bien préparé le plan de travail. Les usagers ont exprimé leurs besoins. Le mobilier a été commandé en respectant les délais requis par le fournisseur, mais ce dernier a eu des retards imprévisibles. Aucune pénalité n'est prévue au contrat d'achat. La date du réaménagement ne peut être repoussée. Je dois trouver une solution de rechange.

SENTIMENTS. Clarifier et accepter ses sentiments par rapport à la situation. Définir les sentiments des personnes impliquées.
Je me sens découragée. Je perçois par contre que j'ai bien suivi le dossier, que j'ai fait tout ce que je pouvais jusqu'à maintenant. Je sens que ma patronne me fait confiance, qu'elle pense que je vais trouver une solution. Elle est calme. Je panique un peu. Je ne trouve pas de solution. Je suis comme paralysée.

BESOIN. Répondre à la question suivante : qu'ai-je besoin de clarifier et de savoir quant à la situation que je dois affronter ?
J'ai besoin de connaître la solution la plus efficace pour finaliser le réaménagement dans les délais et avec les budgets prévus.

FORMULATION DE LA QUESTION.
Quelle est la solution la plus efficace et la plus économique pour terminer le réaménagement tout en respectant les besoins de chacun ?

● ● ●

FAISONS LE POINT

Vous avez formulé la question à poser à votre intuition. Cela se concrétise. Passons à la prochaine étape. Vous êtes maintenant prêt à vous connecter à votre intuition et à recevoir ses messages. Voyons comment vous pouvez y parvenir.

ÉTAPE 2
Mettez-vous en état de réceptivité

_____ **L'étape en bref** _____

Une fois votre question formulée, mettez-vous en état de réceptivité à l'aide de votre rituel de centration pour capter les messages de l'intuition. Vous communiquez avec votre sage intérieur en activant votre GPS pour accéder à l'information intuitive.

À ce point-ci, vous savez quelle question poser à votre intuition. Il s'agit maintenant de vous connecter à celle-ci en vous mettant en état de réceptivité, afin d'être en mesure de capter ses messages. Attention : cette étape ne s'applique pas s'il s'agit d'une intuition spontanée.

Le rituel de centration

Le calme intérieur est un atout qui permet l'accès à l'intuition. Une des façons les plus efficaces d'atteindre cet espace de silence est la méditation ou la relaxation. Sur ce point, il y a unanimité parmi les experts. Il existe une multitude de techniques. L'important, c'est que vous soyez à l'aise avec votre choix.

Si vous êtes incapable de méditer, je vous invite à utiliser le rituel de centration que vous avez circonscrit au chapitre 4, dans la section consacrée à l'allié n° 3. Par exemple, si la marche vous procure le calme, précisez votre question avant de partir en promenade, marchez, posez votre question, laissez-la aller et respirez. La réponse ne tardera pas.

Revenons à la méditation. Je vous propose une méthode simple, qui s'apparente à un exercice de relaxation. Je vous en ai déjà glissé un mot quand je parlais de mes rituels quotidiens. Il s'agit de la cohérence cardiaque, proposée par David Servan-Schreiber dans son livre *Guérir le stress, l'anxiété, la dépression sans médicaments ni psychanalyse*. Cet exercice, efficace et facile à faire, permet d'entrer en résonance avec le cœur et de recevoir des messages à partir de la sagesse intuitive de cet organe. Il réduit aussi le stress. Reportez-vous à l'encadré suivant pour savoir comment faire cet exercice.

Pour intégrer cette pratique dans votre vie, commencez graduellement. Il est préférable de méditer ou de vous relaxer une fois par jour pendant cinq minutes que de ne pas le faire du tout. Augmentez progressivement, à mesure que vous ressentirez les bienfaits de cette pratique.

LA COHÉRENCE CARDIAQUE

- Installez-vous confortablement sur une chaise. Posez les pieds au sol, ou encore, croisez-vous les jambes.

- Fermez les yeux.

- Respirez profondément, en prenant soin de laisser votre souffle descendre jusque dans votre ventre, qui est votre centre de pouvoir.

- Inspirez et expirez profondément à plusieurs reprises.

- Quand vous commencez à vous sentir calme, prêtez attention à votre cœur et imaginez que vous respirez à travers lui.

- Respirez par votre cœur, tout en continuant d'inspirer et d'expirer profondément. Un sentiment de bien-être commencera à s'installer en vous.

- Laissez ce bien-être se propager dans tout votre corps. Sentez-le.

- Quand vous êtes parfaitement calme, amenez à votre conscience un souvenir, une scène, une image qui vous apporte un sentiment d'amour, de joie ou de compassion.

- Gardez cette scène, cette image ou ce souvenir dans votre esprit et continuez à respirer par le cœur.

- Sentez l'impression associée à cette image s'installer dans votre corps. Vous éprouvez un calme profond, un sentiment de bien-être.

- Restez dans cet espace, ressentez ce calme intérieur et profitez de cette présence à vous-même.

- Quand vous sentez que le calme est bien installé, vous êtes en contact avec l'intelligence intuitive de votre cœur.

- Posez votre question. Laissez venir à vous les images, les sensations, les mots.

   Exemples de questions :

   – Quelle est la meilleure façon de relever ce défi ?

   – Que dois-je savoir à propos de ce projet ?

- Quand vous avez obtenu une réponse à votre question, remerciez votre intuition, revenez tranquillement et ouvrez les yeux.

- Notez les images, les mots, les sensations qui sont apparus pendant l'exercice.

Je vous encourage à utiliser cette technique quand vous êtes énervé, quand vous n'y voyez plus clair ou quand vous avez besoin d'une réponse relative à un sujet particulier. Elle est très efficace. Si vous désirez en savoir davantage sur les bienfaits de la cohérence cardiaque, lisez l'excellent ouvrage *L'intelligence intuitive du cœur*.

Une petite recommandation avant de poursuivre. Lorsque vous recevez de l'information intuitive, prenez l'habitude de **remercier votre intuition** pour l'aide qu'elle vous apporte. En lui exprimant votre gratitude, vous gardez une attitude positive et vous recevez davantage. Plus vous remerciez votre intuition, plus elle communique avec vous.

On pratique.

EXERCICE DE COACH

La cohérence cardiaque ou le rituel de centration

Suivez les étapes de l'encadré précédent, posez la question formulée à l'étape 1 et notez la réponse de votre intuition. Si la cohérence cardiaque ne vous parle pas, utilisez votre rituel de centration (ex. : faire une promenade pour vous vider la tête), posez votre question, laissez-la aller et attendez la réponse. Si vous n'en obtenez pas, ne vous inquiétez pas : vous aurez l'occasion d'y revenir.

● ● ●

FAISONS LE POINT

- Vous avez défini la question à poser à votre intuition.

- Vous avez pratiqué la cohérence cardiaque ou votre rituel pour vous connecter à votre intuition et demander des réponses. Il est possible que vous en ayez obtenu.

Vous êtes maintenant prêt à expérimenter les modes de perception, à capter l'information intuitive et à l'interpréter. Vous avancez, tranquillement mais sûrement. On continue.

ÉTAPE 3
Captez et interprétez l'information intuitive

_____ **L'étape en bref** _____

En état de réceptivité, vous posez votre question et recevez les messages de votre intuition tels qu'ils vous arrivent, avec ouverture, sans jugement, sans interprétation ni analyse. Vous agissez comme un sténographe à la cour, qui enregistre ce qu'il entend sans se soucier de comprendre ce qui se déroule autour de lui. Vous passez ensuite à une étape critique du processus : vous allez interpréter l'information intuitive captée.

Cette étape s'applique aux deux types d'intuitions (spontanée et sollicitée). Comme vous le constaterez, il est possible de recevoir une première information intuitive de façon spontanée, puis d'utiliser le processus pour aller plus loin. Dans l'exercice de coach, vous expérimenterez chaque mode de perception afin de préciser ou de confirmer votre ou vos modes dominants.

Pour favoriser la connexion à votre intuition, observez les consignes suivantes :

- Trouvez un endroit tranquille pour vous centrer.

- Méditez, pratiquez la cohérence cardiaque, faites appel à la relaxation ou à votre rituel de centration préféré.

- Lorsque vous vous sentez calme, posez votre question.

- Adoptez une attitude d'ouverture, de réceptivité et de détachement. Restez présent, l'esprit alerte, concentré et énergique. Ne forcez pas. Gardez une belle présence à ce qui se passe.

- Captez l'information intuitive sans la juger ni l'analyser, tel un sténographe à la cour.

Avant de commencer les exercices, prenez connaissance des deux conseils suivants en ce qui concerne l'attitude intérieure à adopter pour capter les informations intuitives.

1. *Acceptez les réponses sans avoir d'idée préconçue.* Quand vous posez une question à votre intuition, laissez tomber la réponse désirée et concentrez-vous sur la « vraie » réponse. Si vous avez une idée préconçue, il vous sera difficile de garder l'ouverture nécessaire. Captez l'information **sans jugement ni analyse.** C'est un préalable important. Le détachement est une attitude intérieure que vous devez privilégier si vous voulez percevoir clairement les messages de votre intuition.

2. *Conservez un esprit concentré et énergique.* Soyez présent, tout en laissant aller votre question. Quand vous adoptez une telle attitude, votre esprit est plus disposé à capter les messages. Vous pouvez aussi vous syntoniser avec le champ de la connaissance universelle pour recevoir l'information qui y est disponible. Je sais, cette notion est très « flyée », mais qu'avez-vous à perdre à essayer ? Rien. Alors, allez-y !

Je vous donne maintenant quelques conseils pour mettre l'exercice en application. Après avoir pratiqué la cohérence cardiaque ou fait votre rituel de centration, posez votre question, puis laissez-la aller tout en restant ouvert à ce qui entre dans votre champ de conscience. Il ne s'agit pas de forcer. Laissez venir l'information tout en restant éveillé, alerte et attentif. Portez attention à la réponse de votre GPS. Dans un état de calme intérieur, posez votre question. Votre esprit, concentré et énergique, s'ouvre et attend la réponse. Cultivez le calme intérieur et ayez un esprit alerte et réceptif.

Vous avez maintenant la base. Pour bien capter l'information intuitive, il est utile de connaître son langage, ses signaux et son mode de communication. Il est maintenant temps de préciser votre mode de perception dominant. Allons-y. Je vous accompagne dans cette découverte. Êtes-vous prêt ?

Comme nous l'avons vu précédemment, les quatre modes de perceptions sont l'intuition sensorielle, l'intuition directe, l'intuition auditive et l'intuition visuelle.

Voici un bref rappel :

MODES DE PERCEPTION	TYPES DE PERCEPTION
Intuition sensorielle	Avec l'intuition sensorielle, je **sens** que…
Intuition directe	Avec l'intuition directe, je **sais** que…
Intuition visuelle	Avec l'intuition visuelle, je **vois** que…
Intuition auditive	Avec l'intuition auditive, j'**entends** que…

Essayez de connaître ou de confirmer votre mode dominant. Je fais un rappel des consignes générales :

- Posez votre question et laissez-vous aller dans le moment présent.
- Captez l'information avec détachement, tout en gardant un esprit énergique et concentré.
- Contentez-vous de percevoir le message, sans faire d'interprétation.

- Enregistrez l'information, sans chercher à aller plus loin.
- Par la suite, vous interpréterez l'information.

Pour vous exercer, vous utiliserez soit la question que vous avez choisie à l'étape 1, soit une question plus pressante. Il est possible qu'en employant un mode de perception vous captiez de l'information selon un autre mode. Par exemple, en testant le mode visuel, vous pourriez recevoir de l'information auditive. Enregistrez-la, mais tentez de revenir au mode que vous testez.

Ça y est, c'est parti !

EXERCICE DE COACH

1. Captez les impressions intuitives liées à votre question

Expérimentez avec la question déterminée à l'étape 1 ou avec une question plus pressante. Assurez-vous que votre question est bien formulée, selon les consignes de l'étape 1. Faites l'exercice pour chaque mode de perception, en suivant les instructions données pour chacun. Rappelez-vous que vous tentez de déceler votre ou vos modes dominants. Consultez le tableau présenté plus loin pour organiser l'exercice.

Dans cet exemple, j'ai utilisé la même question pour chaque mode. Il est fort possible que vous ne receviez de l'information que selon un, deux ou trois modes. C'est tout à fait normal. Il est inhabituel de percevoir selon tous les modes, surtout au début. J'ai employé les quatre modes pour vous montrer comment le processus fonctionne. Vous constaterez aussi comment un mode peut compléter ou confirmer une information déjà perçue selon un autre mode.

Suivez cette procédure :

- Assoyez-vous confortablement. Fermez les yeux.

- Détendez-vous en prenant des inspirations profondes et en expirant lentement.

- Pratiquez la cohérence cardiaque, faites un autre exercice de relaxation ou accomplissez votre rituel de centration.

- Quand vous vous sentez calme intérieurement, posez votre question, laissez-la aller et revenez dans l'instant présent.
- Testez l'un ou l'autre des modes :
- *Pour tester l'intuition sensorielle.* Soyez prêt à sentir. Portez votre attention au niveau du plexus solaire. Soyez ouvert, alerte et réceptif. Imaginez que vous êtes un capteur d'énergie, un immense radar. Ne forcez pas. Captez les impressions que vous recevez. Que sentez-vous ? Notez vos impressions. Si vous percevez des images, des mots, des informations, vous pouvez les consigner. Si vous ne sentez rien, posez de nouveau la question à votre intuition. Si vous ne sentez toujours rien, notez ce fait et décrivez de quel genre de « rien » il s'agit (le vide, l'absence d'information, etc.).
- *Pour tester l'intuition visuelle.* Soyez prêt à voir. Portez votre attention au niveau du troisième œil. Imaginez qu'il y a devant vous un immense écran blanc, qui va recevoir les impressions. Soyez ouvert, alerte et réceptif. Imaginez que vous êtes un grand satellite qui capte les images de télévision. Ne forcez pas. Captez les images, les impressions que vous recevez. Que voyez-vous ? Notez les sensations, les idées et les éléments de compréhension qui accompagnent chaque image. Si vous captez un symbole ou une couleur, notez-la. Si un souvenir visuel vous vient à l'esprit, consignez les sensations et les circonstances qui l'accompagnent. Si vous voyez une scène littérale, tentez d'y associer une sensation pour évaluer si vous percevez quelque chose dans le présent ou si vous avez une prémonition.
- *Pour tester l'intuition auditive.* Soyez prêt à entendre. Portez votre attention à l'intérieur de votre tête, au-dessus de vos oreilles. Soyez ouvert, alerte et réceptif. Imaginez que vous êtes une immense antenne de radio qui tente de syntoniser la bonne fréquence. Captez les informations intuitives que vous entendez. Ne forcez pas. Notez les sons, les bruits, les voix. Que percevez-vous comme information ? Si vous avez des sensations, si vous recevez des images ou des informations, vous pouvez les consigner.
- *Pour l'intuition directe.* Soyez prêt à recevoir de l'information. Portez votre attention au-dessus de votre tête. Soyez ouvert, alerte et réceptif. Imaginez que vous êtes un immense GPS qui scanne l'espace pour recevoir de l'information. Captez les messages. Ne forcez pas. Si vous êtes à l'aise avec cette idée, demandez à recevoir votre réponse à partir du champ de la connaissance universelle. Sachez que vous n'êtes pas seul. Il est possible que la réponse vienne très rapidement,

au bout de dix à quinze secondes. Notez vos perceptions. Que captez-vous comme information ? Si vous avez des sensations, voyez des images ou entendez des mots, vous pouvez les consigner.

- Notez les perceptions que vous recevez. À ce point-ci, n'interprétez rien. N'analysez pas. Vous le ferez dans quelques instants. Contentez-vous d'enregistrer vos perceptions.
- Si vous ne captez rien, posez de nouveau la question à votre intuition, doucement.
- Inscrivez vos observations dans votre journal d'intuition (ce que vous avez capté, comment l'expérience s'est passée, etc.).

Si vous n'avez pas reçu d'information, refaites l'exercice à un moment où vous vous sentez calme. Sachez également qu'il est possible que l'information ne soit pas encore disponible pour vous.

2. Votre mode dominant

Après avoir fait l'exercice, précisez votre mode dominant et déterminez quels autres modes vous souhaitez améliorer.

3. Interprétez les messages de votre intuition

À partir des messages reçus durant l'exercice, tentez d'interprétez l'information liée à votre question. Si vous avez des doutes, vous trouverez dans les pages suivantes des trucs qui vous aideront à valider votre interprétation.

Consignez vos données dans un tableau semblable au suivant.

Exemple sur le plan personnel

LA QUESTION : Comment puis-je recueillir l'information requise pour faire le point sur notre situation financière en impliquant Paul de façon ouverte et respectueuse ?

MODE INTUITIF	ÉTAPE 3 INFORMATION CAPTÉE	ÉTAPE 4 INTERPRÉTATION	ÉTAPE 5 ACTION
INTUITION SENSORIELLE *Je sens que*	J'éprouve une sensation de chaleur au niveau du cœur. Je ressens la détresse de mon conjoint.	Ensemble, nous allons mieux y arriver. J'aime mon mari. Je veux le traiter avec respect. La sensation de chaleur au cœur me le révèle. Paul est plus anxieux que je ne le pensais. Ce n'est pas en lui tombant dessus que ça va fonctionner.	
INTUITION DIRECTE *Je sais que*	Nous avons besoin d'un expert.	C'est clair. Un expert peut nous aider. Je n'aurais jamais pensé à cela.	
INTUITION AUDITIVE *J'entends que*	J'entends : « Parle aux enfants. » (Je sens une force intérieure en ayant cette pensée.)	C'est assez clair. Pas besoin d'interprétation. Je n'aurais jamais pensé à cela. Il me semble que ce n'est pas le problème des enfants.	
INTUITION VISUELLE *Je vois que*	Je vois que les membres d'une famille se chicanent autour de la table.	Est-ce une de mes peurs ? Il y a peut-être risque de conflit si le problème est mis sur la table.	

Exemple sur le plan professionnel

LA QUESTION : Quelle est la solution la plus efficace et la plus économique pour finaliser le réaménagement des bureaux tout en respectant les besoins de chacun ?

MODE INTUITIF	ÉTAPE 3 INFORMATION CAPTÉE	ÉTAPE 4 INTERPRÉTATION	ÉTAPE 5 ACTION
INTUITION SENSORIELLE *Je sens que*	Je ressens une douleur dans le bas du dos.	Le dos représente le soutien. Cette entreprise est trop lourde pour moi. Je ne pense pas trouver une solution seule. Cela me révèle que j'ai besoin d'aide.	
INTUITION DIRECTE *Je sais que*	Le fournisseur a d'autres meubles.	C'est assez clair. Cela me dit que le fournisseur a une solution.	
INTUITION AUDITIVE *J'entends que*	J'entends : « Ose ! »	Forte de mon intuition sensorielle, je réfléchis : je dois oser dire à ma patronne que j'ai besoin d'aide. Quant à mon intuition directe, elle me révèle que je dois parler au fournisseur.	
INTUITION VISUELLE *Je vois que*	Je vois des déménageurs et des gens souriants.	Cela me dit que la situation va se régler à la satisfaction de tout le monde.	

Notez vos interprétations et vos observations dans votre journal d'intuition. Vous trouverez à l'annexe 2 un tableau qui vous aidera à faire votre réflexion. Il comprend tous les modes de perception. Vous pourrez le remplir au fil de vos expériences.

● ● ●

Pour valider votre interprétation

Si vous n'êtes pas à l'aise avec votre interprétation ou si vous avez des doutes à son sujet, vérifiez-la à l'aide des moyens suivants. Choisissez celui ou ceux avec lesquels vous êtes le plus à l'aise.

Les caractéristiques de l'intuition

Lorsque vous avez fait votre interprétation, assurez-vous qu'elle correspond aux trois caractéristiques principales de l'intuition :

- le calme ;
- la clarté ;
- la joie.

L'intuition est associée à un profond sentiment de calme, d'acceptation et de détachement. Si vous êtes agité après avoir reçu un message, il est fort possible qu'il s'agisse en fait d'une pensée magique, d'un espoir ou d'un désir rationnel. Recherchez un sentiment de joie dont la base est le calme et l'impartialité. Il s'agit d'un sentiment intérieur de justesse de l'être. Cette joie vous attire vers l'intérieur plutôt que vers l'extérieur, vers le haut plutôt que vers le bas. Bref, vous éprouvez un sentiment de liberté : la liberté d'être.

L'intuition ne suscite pas d'agitation. Vous devriez ressentir un grand calme, accompagné d'une impression de pouvoir et de stabilité. Si vous n'éprouvez pas ces sensations, remettez en question votre intuition ou votre interprétation.

Il est possible que vous ressentiez de la peur, surtout si votre intuition vous pousse à faire un geste qui vous entraînerait hors de votre zone de confort. Il vous faut dépasser cette peur. Pour vérifier si c'est le cas, répondez avec courage à la question suivante : « Si je n'avais pas peur, je… » Vous saurez immédiatement quel est le bon chemin à prendre. La direction que vous emprunterez en écoutant les messages de votre intuition respectera les grandes lois universelles – surtout celle de l'amour.

Confirmez avec les autres modes de perception

Poursuivez votre interprétation à l'aide des autres modes de perception. À partir de votre question originale, demandez à voir, à savoir, à entendre et à ressentir. Ou encore, choisissez une nouvelle question pour valider ou clarifier votre interprétation. Comme je vous l'ai mentionné, c'est un jeu d'essais et erreurs. Jouez avec les interprétations jusqu'à ce qu'elles sonnent juste pour vous. Vous aurez l'intuition que c'est la bonne réponse. Il ne s'agit pas de vous raconter des histoires ou d'interpréter jusqu'à ce que vous obteniez la réponse que vous souhaitez. Souvenez-vous que vous cherchez la réponse du cœur, pas celle de la tête. Votre intuition vous guidera vers ce qu'il y a de mieux pour vous, au-delà de vos peurs et de vos désirs rationnels.

En dépit de tout, n'oubliez pas de vous laisser guider par le bon sens. Si vous percevez une information qui n'a absolument aucun sens, il est préférable de vérifier plus tard que l'information vient vraiment du cœur, que ce n'est pas une histoire que vous vous racontez ou encore l'ego qui intervient.

Demandez des « signes de jour » pour confirmer votre intuition

Une autre façon de vérifier votre interprétation est de demander des « signes de jour ». Prenons un exemple : vous hésitez à accepter un nouveau poste. Vous n'arrivez pas à sentir ce qui est juste pour vous, parce que vous avez peur. Demandez trois signes, qui pourraient être les suivants : vous entendez par hasard une conversation positive sur la société qui tente de vous recruter ; vous voyez à plusieurs reprises les camions de distribution de l'entreprise ; vous lisez un article élogieux à son sujet.

Évidemment, faites attention de ne pas vous raconter d'histoires. Ces signes, qui arriveront naturellement dans votre vie, peuvent vous servir de confirmation.

Les « postulats de rêves »

Dans le même ordre d'idées, considérez vos rêves. C'est une excellente façon de valider vos intuitions. En effet, la nuit vous fonctionnez à 80 % de votre potentiel alors que, pendant la journée, vous fonctionnez à 15 %. *L'art de rêver*, de Nicole Gratton, fournit une explication pratique et accessible de l'interprétation des rêves.

Pour utiliser vos rêves, formulez un « postulat de rêve », qui vise à vérifier l'interprétation de vos intuitions ou qui vous oriente vers la bonne décision à prendre. Dans le cas qui nous occupe, un postulat est un énoncé qui suscite des rêves. Il vous permet d'employer consciemment votre « potentiel de nuit » et de le diriger vers un objectif précis. Par exemple, vous pouvez vous dire : « Cette nuit, je clarifie les gestes à faire pour améliorer ma relation avec mon conjoint. » Ou encore : « Cette nuit, je vois clair en ce qui concerne le prochain pas que je dois faire pour me trouver un emploi. » Il n'est pas nécessaire de vous souvenir de vos rêves pour connaître la réponse. Il est fort possible que vous ayez une réponse claire au réveil.

Je prends rarement des décisions sans avoir « dormi dessus ». Je formule un postulat grâce auquel je peux trouver réponse à mon questionnement. Vous pouvez aussi consulter un autre ouvrage de Nicole Gratton, *Les rêves messagers de la nuit, 15 principes pour comprendre et 150 postulats*. Ce livre propose une démarche d'exploration permettant de comprendre les fonctions du rêve et d'apprendre à susciter des rêves porteurs de solutions à partir de postulats quotidiens.

Faites comme si

Une autre méthode de validation : *faire comme si*. Par exemple, si vous voulez vendre votre maison, faites comme si vous l'aviez vendue, puis évaluez comment vous vous sentez par rapport au résultat de cette action. Ainsi, vous saurez si cette décision vous convient ou pas. Vous pouvez aussi vous projeter dans l'avenir pour vérifier si vous vous voyez en train de faire telle ou telle chose.

J'utilise cette méthode constamment. Un exemple : on me propose de donner une conférence. Si je considère l'aspect financier, je me dis que je devrais accepter (ma logique me parle), mais je n'en suis pas certaine. Je m'imagine alors en train de donner la conférence et je sens ce qui est là. Si je n'éprouve aucun enthousiasme, j'oublie ça. Si je me vois avoir du plaisir, j'accepte. Si j'en ai envie mais que je ne suis pas aussi enthousiaste que je le voudrais, je vérifie à l'intérieur de moi, à l'aide de mon intuition, ce qui doit être modifié pour que je sois complètement à l'aise. C'est encore un processus d'essais et d'erreurs.

Tout cela peut vous sembler fastidieux, mais ce ne l'est pas du tout. Avec le temps et la pratique, ce processus devient assez naturel. Vous prenez le temps de sentir, de voir, d'entendre ce qui est là. Vous faites une pause accompagnée d'un peu d'introspection. Quand vous recevez une réponse, vous vous ajustez à l'aide de l'information intuitive, jusqu'à ce que vous soyez à l'aise. L'important, c'est de faire des gestes qui vous rendent plus heureux.

L'intention de départ

Après avoir fait votre interprétation, vérifiez si elle est en ligne avec votre intention de départ (voir page 107 pour obtenir plus d'information sur l'intention). S'il y a conflit entre les deux, il est fort possible que votre interprétation soit erronée. Il se peut aussi que celle-ci ait besoin d'être adaptée. Faites attention de ne pas vous raconter d'histoires, sinon vous risqueriez d'agir comme votre tête vous le dicte. Vous cherchez l'appui de votre intuition. Si votre intention demeure valide, modifiez votre interprétation jusqu'à ce qu'elle sonne juste pour vous.

Avec ces moyens et surtout avec l'expérience, vous améliorerez votre perception intuitive et vos interprétations.

EXERCICE DE COACH

Vérifiez votre interprétation

Si votre interprétation ne sonne pas juste ou si vous voulez la confirmer, vous pouvez :

- tester sa pertinence à l'aide d'un autre mode de perception et adapter le tout jusqu'à ce que ça sonne juste ;
- vérifier à l'aide des rêves ;
- demander des « signes de jour » ;
- faire comme si ;
- vérifier si elle est en accord avec votre intention de départ ;

À la suite de votre réflexion, vous pouvez modifier votre interprétation.

Exemples :

- Rêve : j'ai rêvé que j'avais une belle conversation avec mon mari. Cela m'indique que Paul sera réceptif.

- Signe de jour : j'ai rencontré une copine qui connaît un bon planificateur financier.
- Faire comme si : je m'imagine en train de discuter du réaménagement avec ma patronne et je ressens beaucoup de calme.

● ● ●

Je vous encourage à utiliser votre intuition **en ayant recours à votre mode dominant.** Lorsque vous maîtriserez le processus intuitif, vous pourrez améliorer les autres modes. C'est assez simple. Lorsque vous posez une question à votre intuition, amusez-vous à vérifier selon votre mode dominant et selon les autres modes. À la longue, il est fort possible qu'un nouveau mode se pointe à l'horizon pour vous. Si ce n'est pas le cas, ce n'est pas grave : vous avez déjà votre mode dominant en poche.

FAISONS LE POINT

- Vous avez défini la question à poser à votre intuition.
- Vous avez testé la cohérence cardiaque ou votre rituel de centration.
- Vous avez précisé votre mode de perception dominant ainsi que les modes que vous souhaitez améliorer.
- Vous avez utilisé votre intuition pour obtenir des réponses.
- Il est possible que vous ayez obtenu des réponses.
- Vous avez interprété vos réponses.

Vous êtes maintenant prêt à utiliser l'information intuitive que vous avez reçue.

Ça va bien. On avance. Bravo ! On y va pour l'action.

ÉTAPE 4
Agissez à partir de l'information intuitive

_____ **L'étape en bref** _____

Lorsque vous avez interprété l'information intuitive, vous décidez de l'action à entreprendre. Au fur et à mesure que des résultats se concrétisent, vous évaluez la qualité de votre interprétation et la pertinence de votre décision. Vous réajustez le tir.

Après avoir interprété l'information intuitive, vous décidez de la manière de l'utiliser. C'est le moment de faire intervenir le **cerveau gauche,** soit le côté logique et rationnel, tout en continuant de vérifier, à l'aide de votre intuition, si ce que le côté gauche propose est en alignement avec vous et avec votre intention de départ.

Quelques consignes

Voici quelques consignes s'appliquant à diverses situations.

1. *Une interprétation incertaine.* Il est possible que vous ne soyez pas complètement à l'aise avec votre interprétation. Imaginons qu'après vérification vous n'arriviez toujours pas à préciser l'information.

   - **Vous pouvez attendre.** Attendez d'y voir plus clair, de recevoir de nouvelles informations qui vous guideront vers votre prochain pas. Il est possible que ces informations soient rationnelles ou intuitives. Restez ouvert à ce qui se passe en vous et autour de vous.

   - **Vous devez absolument faire un geste.** Si vous n'êtes pas certain de votre interprétation malgré les divers procédés de vérification et que vous devez agir, optez pour la théorie des petits pas.

Choisissez votre prochain pas, celui qui a le plus de sens pour vous en ce moment et avec lequel vous vous sentez le mieux. Avancez tranquillement, mais sûrement. Après avoir fait le geste, évaluez si les résultats vous mènent à la bonne destination. Avancez à petits pas et voyez ce qui se passe. Questionnez régulièrement votre intuition pour savoir où vous en êtes et quel est le prochain pas à faire. Vous recevrez constamment de l'information intuitive ou rationnelle qui vous permettra de vérifier si vous faites les bons gestes.

2. *Une interprétation juste.* Si vous croyez avoir fait une interprétation juste, avancez tranquillement dans le sens de la réponse reçue. À chaque pas, décidez de l'action à faire. Entreprenez cette action et vérifiez si vous vous dirigez vers votre intention de départ ou vers votre désir. Si c'est le cas, décidez de la prochaine étape. Poursuivez ainsi, en vous arrêtant régulièrement pour vérifier où vous en êtes. Prenez aussi conscience de votre état devant l'évolution de votre situation, de votre projet, etc.

C'est encore la théorie des petits pas. Vous décidez de chaque pas, puis vous évaluez le résultat. De nouvelles informations intuitives ou rationnelles vous guident vers votre prochain pas. Cela semble exigeant, mais ce n'est pas vraiment le cas. Il s'agit de savoir où vous en êtes et vers où vous vous dirigez. C'est une excellente pratique à adopter pour obtenir la vie qui vous convient.

3. *Une information trop partielle.* Dans un tel cas, reconnectez-vous régulièrement à votre intuition jusqu'à ce que vous ayez l'information nécessaire et que vous sentiez que le moment est venu d'agir.

4. *Aucune réponse de l'intuition.* Dans cette situation, il est fort possible que ce ne soit pas le temps pour vous d'agir. En général, si je ne sens ni n'entends rien à propos d'une situation de ma vie, je

m'abstiens de bouger jusqu'à ce que je reçoive de l'information. Si ce n'est pas clair, je n'avance pas. Reconnectez-vous régulièrement à votre intuition ou utilisez vos rêves pour obtenir de la clarté.

5. *Une idée générale de la direction à prendre.* Dans ce cas, il est possible de prévoir quelles seront les premières actions à prendre. Optez encore pour la théorie des petits pas. Évidemment, le mot « action » peut aussi renvoyer à la décision de ne pas bouger jusqu'à ce que les informations soient plus claires.

6. *Une idée très précise de l'action à prendre.* Dans ce cas, mettez-vous en action, mais seulement si vous sentez que le moment est juste pour vous. Comme toujours, optez pour la théorie des petits pas.

7. *Des informations éclairantes.* Parfois, les messages que vous recevez ont pour but de vous éclairer sur ce qui se passe dans votre vie et de vous aider à comprendre ou à accepter une situation. Il n'y a peut-être aucune action à entreprendre.

8. *Des prémonitions.* Votre intuition peut vous révéler des événements relatifs au futur ; dans un tel cas, vous avez des prémonitions. Ces informations sont là pour vous dire que, si tous les faits restent tels quels, ces événements risquent d'arriver. Voyez si vous aimez le résultat annoncé par ce type d'information. Si ce n'est pas le cas, vous pouvez changer les conditions afin que l'événement final soit différent. Par exemple, une participante à une conférence avait eu le pressentiment qu'il était préférable pour elle de ne pas voyager maintenant. Elle a choisi d'ignorer cette impression et a eu un accident sur la route. Heureusement, il n'était pas trop grave.

Si vous avez une prémonition au sujet de quelqu'un d'autre que vous, demandez à votre intuition si vous devez partager l'information avec la personne concernée. Je sais que la responsabilité peut sembler lourde à porter, mais si vous recevez l'information, c'est que vous avez la capacité de la gérer. Faites-vous confiance. Partagez le message en douceur avec la personne et soyez empathique avec elle. Si elle choisit d'ignorer le message, cela devient sa responsabilité et non la vôtre.

9. *Dans tous les cas.* Je vous encourage à consulter régulièrement votre intuition afin d'évaluer si vous êtes sur la bonne voie. C'est comme une série de points de contrôle.

10. *L'intention de départ.* Gardez à l'esprit votre intention ou votre désir pour vous assurer que vous maintenez le cap sur ce qui est important pour vous. Que ce soit pour un projet ou un désir, j'écris mon intention sur un Post-it et je l'affiche bien à la vue pour rester alignée.

Si vous n'obtenez pas les résultats escomptés, déterminez si l'essence de votre intention ou de votre désir est présente. Il est possible qu'elle le soit, mais qu'elle ne corresponde pas exactement à ce que vous aviez imaginé. Laissez aller cette image. Restez connecté à votre intention ou à votre désir. L'important, c'est de respecter ce que le cœur, par l'intermédiaire de l'intuition, vous communique. En utilisant votre intuition, vous puisez à une source plus grande que la logique pour déterminer ce qui est juste pour vous. Gardez une grande ouverture quant à l'information reçue. Si l'essence de l'intention est là, poursuivez sur cette voie tout en évaluant de façon intuitive quelles sont les prochaines étapes à franchir.

Si ce qui se manifeste n'est pas en ligne avec l'essence de l'intention, faites une pause pour faire le point. Demandez à votre sage intérieur ce que vous devez connaître à propos de la situation. Poursuivez jusqu'à ce que vous sentiez que les résultats sont en ligne avec votre intention de départ. Cela semble plus lourd que ce ne l'est en réalité. En prenant régulièrement un temps d'arrêt, vous verrez si vous êtes sur la bonne voie.

Avec le temps, cela deviendra un réflexe naturel. Vous mettrez votre GPS en marche et vous porterez attention aux directions qu'il vous indique. Ce qui est encore mieux, c'est de le garder ouvert tout le temps.

11. La voix du cœur. Assurez-vous d'être connecté à la voix du cœur **et non à celle de la tête.** Si vous vous attendez à un résultat précis sans être prêt à le laisser aller, vous risquez d'écouter la voix de la raison. Il n'est pas toujours facile de distinguer les deux. La voix du cœur comble un besoin intrinsèque (réalisation, accomplissement, etc.) qui respecte votre essence. La voix de la tête parle très fort et comble un besoin extrinsèque (approbation des autres, statut social, etc.) qui risque de ne pas respecter ce que vous êtes, car vous chercherez surtout à faire plaisir aux autres. Pour vous aider à y voir clair, je vous invite à terminer ces deux phrases : « Si je n'avais pas peur, je… » et « Si je m'écoutais, je… »

Un autre truc : si vous doutez de la validité d'une intuition, **essayez de lui dire non et de la repousser.** Si elle revient avec beaucoup d'énergie, ce n'est probablement pas votre tête qui parle, mais votre cœur qui demande à être entendu.

Si vous suivez vos intuitions, les choses vont bien se dérouler et vous vous sentirez de mieux en mieux. Le travail avec l'intuition demande de la finesse, de la patience et de la persévérance. Vous désirez des réponses claires **maintenant** ? Soyez patient. Il est possible que tous les faits ne soient pas en place, que ce ne soit pas le temps de prendre une décision ou que vous ne soyez pas encore prêt à recevoir l'information. Acceptez qu'une réponse vienne au meilleur moment pour vous.

Bon, c'est le temps de vous exercer.

EXERCICE DE COACH

À partir de l'interprétation faite à l'étape précédente, décidez de l'action à entreprendre (cela peut être de ne rien faire). Si vous n'avez pas d'interprétation claire et que vous devez agir, définissez le premier pas qui vous semble le plus approprié.

Je poursuis avec l'exemple de l'étape précédente.

Exemple sur le plan personnel

MODE INTUITIF	ÉTAPE 3 INFORMATION CAPTÉE	ÉTAPE 4 INTERPRÉTATION	ÉTAPE 5 ACTION
INTUITION SENSORIELLE *Je sens que*	J'éprouve une sensation de chaleur au niveau du cœur. Je ressens la détresse de mon conjoint.	Ensemble, nous allons mieux y arriver. J'aime mon mari. Je veux le traiter avec respect. La chaleur au cœur me le révèle. Paul est plus anxieux que je ne le pensais. Ce n'est pas en lui tombant dessus que ça va fonctionner.	Je parle à Paul, ouvertement et avec amour, de mon idée de faire un bilan financier avec lui.
INTUITION DIRECTE *Je sais que*	Nous avons besoin d'un expert.	C'est clair. Un expert peut nous aider. Je n'aurais jamais pensé à cela.	Je vais proposer à Paul de consulter un expert avec moi. Ça pourrait être utile et efficace.
INTUITION AUDITIVE *J'entends que*	J'entends : «Parle aux enfants.» (Je sens une force intérieure en ayant cette pensée.)	C'est assez clair. Pas besoin d'interprétation. Je n'aurais jamais pensé à cela. Il me semble que ce n'est pas le problème des enfants.	Je vais en discuter avec Paul pour voir ce qu'il en pense. Nous pouvons agir ensemble quand nous serons prêts. Nous proposerons de petits changements sur le plan des dépenses familiales. Les enfants comprendront mieux et collaboreront.
INTUITION VISUELLE *Je vois que*	Je vois que les membres d'une famille se chicanent autour de la table.	Est-ce une de mes peurs? Il y a peut-être un risque de conflit si le problème est mis sur la table.	J'attends d'y voir plus clair dans notre situation financière avant de parler de notre plan aux enfants.

Exemple sur le plan professionnel

MODE INTUITIF	ÉTAPE 3 INFORMATION CAPTÉE	ÉTAPE 4 INTERPRÉTATION	ÉTAPE 5 ACTION
INTUITION SENSORIELLE *Je sens que*	Je ressens une douleur dans le bas du dos.	C'est trop lourd pour moi. Je ne pense pas trouver une solution seule. Cela me révèle que j'ai besoin d'aide.	Je demande de l'aide à ma patronne.
INTUITION DIRECTE *Je sais que*	Le fournisseur a d'autres meubles.	C'est assez clair. Cela me dit que le fournisseur a peut-être une solution.	J'appelle le fournisseur pour en discuter avec lui.
INTUITION AUDITIVE *J'entends que*	J'entends : « Ose ! »	Forte de mon intuition sensorielle, je réfléchis : je dois oser dire à ma patronne que j'ai besoin d'aide.	Quant à mon intuition directe, elle me conseille de parler au fournisseur. Je suis encore plus déterminée à parler à ma patronne. Je vais lui demander de venir voir le fournisseur avec moi. J'ai besoin de son soutien.
INTUITION VISUELLE *Je vois que*	Je vois des déménageurs et des gens qui sourient.	Cela me dit que la situation va se régler à la satisfaction de tout le monde.	Je reste optimiste. J'avance avec mes décisions.

Notez vos conclusions dans votre journal d'intuition.

● ● ●

Wow ! Vous êtes presque arrivé. Foncez. Agissez. Osez. Exercez-vous à avoir du courage !

L'évaluation de l'interprétation

Lorsque le projet est terminé, le désir comblé ou la situation réglée, faites un retour en arrière pour évaluer la qualité de l'interprétation de vos intuitions et la pertinence des décisions que vous avez prises. Vous décèlerez ainsi vos erreurs d'interprétation et vous adapterez vos prochaines analyses.

Vous pouvez aussi faire cette évaluation au fur et à mesure que les résultats se déploient. Exemple : je vous parlais plus tôt d'une association d'affaires dans le contexte de laquelle je ressentais souvent un malaise intérieur. C'est seulement avec le recul, une fois que l'association a été arrivée à son terme, que j'ai compris que mon intuition me parlait. Je me suis alors posé la question suivante : « Où étaient les signes qui me révélaient que cette association ne me convenait pas ? » J'ai repassé tous les événements-clés et j'ai pu définir la façon dont mon intuition me parlait.

Cet exercice m'a permis de gagner beaucoup de confiance à l'égard de mon intuition. J'ai constaté qu'elle me parlait souvent, et de façon juste. Il fallait tout simplement que j'apprenne son langage. Je vous encourage fortement à le faire. C'est comme faire un bilan lorsque vous concluez un mandat au bureau ou que vous évaluez avec une amie le succès du souper de la veille.

À votre tour !

EXERCICES DE COACH

Un bilan

Une fois que votre situation est réglée ou qu'elle est en voie de l'être, faites un retour en arrière pour comprendre la manière dont votre intuition vous parlait (que vous l'ayez suivie ou pas), puis évaluez si votre interprétation était juste. Inspirez-vous des questions suivantes pour faire votre réflexion.

- Quels sont les signes que je n'ai pas saisis ?
- Comment fonctionne mon processus intuitif ?
- Lesquelles de mes interprétations étaient erronées ?
- Qu'ai-je à améliorer ?

Notez vos observations dans votre journal d'intuition.

FAISONS LE POINT

- Vous avez défini la question à poser à votre intuition.
- Vous avez mis en œuvre des rituels pour vous connecter à votre intuition.
- Vous avez découvert votre ou vos modes de perception dominants.
- Vous avez utilisé votre intuition et obtenu des réponses.
- Vous les avez interprétées.
- Vous avez décidé d'agir.
- Vous avez agi et vous avez obtenu des résultats. Bravo !
- Vous avez évalué ces résultats et la qualité de votre interprétation.

Félicitations ! Vous avez maintenant les outils requis pour utiliser votre intuition de façon régulière dans votre vie. Avec le temps, votre intuition deviendra votre compagne de tous les jours. Le fait de consulter votre conseiller privilégié deviendra un réflexe naturel.

Ne vous en privez pas ! Souvenez-vous : vous êtes un GPS puissant et sophistiqué.

6

Avant de clore...

Quelques questions pourraient vous chicoter. Voici des réponses qui, je l'espère, vous aideront.

Comment puis-je utiliser mon intuition à l'insu des autres ?

Personne n'a besoin de savoir que vous utilisez votre intuition. Servez-vous de celle-ci comme point de départ, puis étoffez vos arguments à l'aide de votre logique. Avec le temps, votre confiance augmentera et vous oserez parler ouvertement de vos intuitions. Cela encouragera les autres à faire de même.

Comment convaincre mon entourage du sérieux de l'intuition ?

Vous n'avez pas à convaincre les gens. Commencez tranquillement à vous servir de votre intuition, pour vous-même. Vous serez surpris des résultats. De plus, vous constaterez que beaucoup de gens s'en servent sans le savoir. Et n'oubliez pas : la théorie des petits pas est de mise.

Que faire si je n'y arrive pas ?

Il est certain que vous avez de l'intuition. Si vous n'y avez pas accès pour le moment, je vous encourage à mettre de côté temporairement le processus. L'acharnement ne vous donnera rien. Utilisez votre temps nocturne pour explorer votre processus intuitif. Les rêves servent, entre autres choses, à acquérir des habiletés. Formulez un postulat de rêve comme : « Cette nuit, j'améliore mon intuition. » Faites-vous confiance.

Vous pouvez aussi décider que vous êtes intuitif. Faites comme si vous l'étiez. Posez votre question et terminez les phrases suivantes.

Dans ma situation, si j'étais intuitif…

- je sentirais que…
- je verrais que…
- je saurais que…
- j'entendrais que…

Amusez-vous. Les enfants le font tout le temps. Vous n'avez rien à perdre et tout à gagner. En jouant, vous enverrez votre mental faire une promenade, et qui sait ce qui pourrait émerger ?

Comment me recentrer au cours d'une rencontre ou d'une réunion lorsque je fais face à une situation difficile ?

Prenez un temps de réflexion. Quelques bonnes respirations suffiront à vous recentrer et à y voir plus clair. Posez-vous une question comme : « Qu'est-ce que j'ai besoin de savoir dans cette situation ? » ou encore : « Qu'est-ce qui me rend si mal à l'aise ? » Restez à l'écoute pour capter l'information. Vous pouvez aussi, comme je l'ai déjà proposé, demander une pause-toilettes ou demander carrément à l'équipe : « Qu'est-ce qui ne fonctionne pas ici ? » Attendez : cela vous donnera le temps d'accéder à votre intuition et de répondre intérieurement à votre question.

Qu'est-ce que je fais si je sens qu'un projet ou une proposition ne tient pas debout sans savoir pourquoi ?

Voici quelques pistes de solutions :

- Au travail, je vous encourage à partager vos impressions avec vos collègues. Il ne s'agit pas d'affirmer que vous possédez la vérité, mais que vous souhaitez partager un sentiment (vous n'êtes pas tenu d'appeler cela une intuition) avec le groupe. Au fil du temps, l'expérience montrera que vos impressions étaient pertinentes.

- Si vous n'êtes pas à l'aise ou si vous êtes dans une situation qui vous empêche de partager vos impressions, notez ces dernières dans votre journal d'intuition. Vous bâtirez tranquillement votre confiance en vérifiant leur justesse. Par exemple, vous pourriez écrire : « Je sens que ce projet ne lèvera pas », ou encore : « Je sens qu'on a assigné la mauvaise personne au projet », ou encore : « Je sens qu'il est trop tôt pour démarrer ce projet. » Ensuite, notez ce que vous allez faire de cette information. Enregistrez-la, puis faites un suivi. Si vous observez que vos impressions sont justes la plupart du temps, il vous sera plus facile de trouver le courage de les partager.

- Vous pouvez aussi parler de votre impression et demander si quelqu'un ressent la même chose. Il pourrait en résulter un échange très constructif, qui permettrait de préciser certains éléments. À la suite de votre discussion, il se pourrait que votre impression se transforme, car certaines données pourraient être modifiées. Il serait malheureux de priver votre équipe du bénéfice de l'information que vous possédez peut-être.

L'important est de présenter vos impressions comme une information additionnelle. Il ne faut en aucun cas prétendre détenir la vérité absolue. En ayant une attitude souple et ouverte, vous encouragerez les autres à adopter une attitude semblable. Si vous osez exprimer ce que vous percevez, les gens finiront par respecter vos intuitions. Et plus vous vous ferez confiance, plus vous aurez d'intuitions et plus elles seront précises.

Comment puis-je intégrer l'intuition comme outil de travail dans mon milieu professionnel ?

Exercez-vous à la fois sur les plans personnel et professionnel. Vous gagnerez en confiance. Commencez tranquillement à utiliser votre intuition pour voir clair au travail. Partagez vos impressions avec un ou des collègues, mais seulement si cela ne vous met pas mal à l'aise. Si la réponse intuitive est claire, faites appel à votre côté logique pour bâtir vos arguments. C'est ce que j'ai dû faire pour convaincre mon entreprise de faire une fusion. J'ai passé des heures à démontrer que mon intuition était juste. Ce n'est pas problématique. Après tout, vous êtes muni de deux outils aussi valables l'un que l'autre : l'intuition et le rationnel.

Si vous n'arrivez pas à trouver d'arguments rationnels, je vous encourage à partager vos impressions. Par exemple, vous pouvez dire : « J'ai l'impression que quelque chose cloche sérieusement dans ce projet. J'ai de la difficulté à mettre le doigt dessus. Quelqu'un a-t-il le même sentiment ? » Si personne ne partage votre point de vue, « dormez dessus ». Formulez un postulat de rêve. Il est possible que vous sachiez au réveil ce qui ne fonctionne pas.

Comment intégrer l'intuitif et le rationnel dans mes prises de décision personnelles ou professionnelles ?

Voici une façon de procéder : travaillez avec l'intuitif avant de le faire avec le rationnel, car il y a de fortes chances que ce dernier vous empêche d'utiliser votre intuition. Faites vos propres expériences.

Choisissez une situation où vous avez à prendre une décision. Tentez d'opter pour un problème qui n'a pas trop d'importance.

- Définissez clairement la décision à prendre. Cela précisera votre question.

- Pour le volet **intuitif,** mettez-vous en état de réceptivité à l'aide de la cohérence cardiaque ou de votre rituel de centration, posez votre question et captez le message intuitif :

    – Ce que vous ressentez dans cette situation.

    – Ce que vous savez dans cette situation.

    – Ce que vous entendez dans cette situation.

    – Ce que vous voyez dans cette situation.

- Interprétez l'information, puis prenez une décision intuitive. Consignez-la dans votre journal.

- Pour le volet **rationnel,** définissez vos options. Analysez-les de façon logique, en notant leurs avantages et leurs inconvénients. Prenez une décision selon le mode rationnel.

- Revenez au mode intuitif, mettez-vous en état de réceptivité à l'aide de la cohérence cardiaque ou de votre rituel de centration. Pour chacune des options, captez l'information selon votre mode dominant :

    – Ce que vous ressentez par rapport à cette option.

– Ce que vous savez par rapport à cette option.

– Ce que vous entendez par rapport à cette option.

– Ce que vous voyez par rapport à cette option.

Consignez vos observations dans votre journal. Notez votre décision selon le mode intuitif de même que votre décision selon le mode rationnel. S'il y a une différence, vérifiez ce dont votre cœur a envie ! Complétez la phrase suivante : « Si je n'avais pas peur, je… » ou encore : « Si j'écoutais mon cœur, je… »

Quelle est votre décision finale ? Faites l'expérience aussi souvent que possible, avec diverses situations.

Le mot de la fin

Merci d'avoir osé me suivre dans cette aventure. Votre confiance et votre courage me touchent et m'inspirent. Je vous souhaite de connaître le bonheur de savoir qu'il y a quelqu'un à la maison, de vivre avec la sécurité intérieure de savoir que vous saurez quand ce sera le temps.

Surtout, je vous souhaite de connaître le bonheur de vivre dans votre justesse et de vous connecter à votre cœur, d'où l'intuition parle. Une existence vécue à partir du cœur est riche, pleine et totalement jouissive.

L'intelligence du cœur vous guidera vers l'action juste, grâce à laquelle vous réaliserez vos désirs en mettant à profit votre force d'attraction.

Je vous encourage à persévérer afin de maîtriser cet outil extraordinaire. Ça vaut le coup.

J'ai déjà hâte de connaître vos aventures avec l'intuition. N'hésitez surtout pas à les partager avec votre entourage. Vous encouragerez les autres à en faire autant.

Ce sera un pas de plus vers un monde rempli de bonheur !

Michèle

Annexe 1
Tableau pour clarifier une situation

CLARIFIER UNE SITUATION
PROBLÉMATIQUE. Décrire brièvement la problématique.

INTENTION. Définir l'intention positive dans la situation.

FAITS. Établir clairement les faits de façon objective, sans jugement ni interprétation.

SENTIMENTS. Clarifier et accepter ses sentiments par rapport à la situation. Définir les sentiments des personnes impliquées.

BESOIN. Répondre à la question suivante : qu'ai-je besoin de clarifier et de savoir quant à la situation que je dois affronter ?

FORMULATION DE LA QUESTION.

Annexe 2
Tableau d'analyse des informations intuitives

LA QUESTION :

MODE INTUITIF	ÉTAPE 3 INFORMATION CAPTÉE	ÉTAPE 4 INTERPRÉTATION	ÉTAPE 5 ACTION
INTUITION SENSORIELLE *Je sens que*			
INTUITION DIRECTE *Je sais que*			
INTUITION AUDITIVE *J'entends que*			
INTUITION VISUELLE *Je vois que*			

Références

L'intuition

BAUDOUIN, Bernard. *Comment développer son intuition,* Éditions de Vecchi, 2003, 155 p.

CHOQUETTE, Sonia. *À l'écoute de vos vibrations,* AdA, 2006, 327 p.

CHOQUETTE, Sonia. *Trust Your Vibes at Work, and Let Them Work for You,* Hay House, 2005, 222 p.

CRAWLEY, Hans. *Comment développer son intuition : une technique et des exercices éprouvés,* Les Éditions Quebecor, 2002, 160 p.

DAY, Laura. *Guide pratique de l'intuition,* Vivez Soleil, 1998, 224 p.

EINSTEIN, Patricia. *The Path to Inner Wisdom : How to Discover and Use Your Greatest Natural Resource,* Vega, 2002, 256 p.

GLADWELL, Malcolm. *Intuition : comment réfléchir sans y penser,* Les Éditions Transcontinental, 2005, 252 p.

GAWAIN, Shakti. *Comment développer son intuition : guide pratique de la vie quotidienne,* Guy Trédaniel Éditeur, 2001, 158 p.

GEE, Judee. *Comment développer votre intuition : l'éveil de votre être intérieur,* Dangles, 1999, 276 p.

PIERCE, Penney. *L'intuition : une voix qui ne trompe pas,* Le jour éditeur, 1998, 392 p.

ROBINSON, Lynn A. *Divine Intuition, Your Guide to Creating A Life You Love,* Dorling Kindersley, 2001, 160 p.

SANDERS, Pete A. *You Are Psychic !,* Fireside, 1999, 288 p.

SCHULZ, Mona Lisa. *Le réveil de l'intuition,* AdA, 2003, 395 p.

WALTERS, J. Donald. *Intuition : savoir reconnaître sa voix intérieure et lui faire confiance,* Un monde différent, 2004, 159 p.

Sujets connexes

CAMERON, Julia. *Libérez votre créativité : osez dire oui à la vie !,* Dangles, 1999, 310 p.

CHILDRE, Doc, et Howard MARTIN. *L'intelligence intuitive du cœur : la solution HeartMath,* Ariane Éditions, 2005, 415 p.

GRATTON, Nicole. *L'art de rêver,* Flammarion Québec, 2003, 224 p.

GRATTON, Nicole. *Les rêves messagers de la nuit, 15 principes pour bien les comprendre,* Les Éditions de l'homme, 1998, 174 p.

HAY, Louise. *You Can Heal Your Life,* Hay House, 1987, 250 p.

RÉFÉRENCES

LASZLO, Erwin. *Science et champ akashique,* Ariane Éditions, 2005, 284 p.

McTAGGART, Lynne. *L'univers informé : la quête de la science pour comprendre le champ de la cohérence universelle,* Ariane Éditions, 2005, 311 p.

ODOUL, Michel. *Dis-moi où tu as mal, je te dirai pourquoi : les cris du corps sont des messages de l'âme,* Albin Michel, 2002, 240 p.

SERVAN-SCHREIBER, David. *Guérir le stress, l'anxiété et la dépression sans médicaments ni psychanalyse,* Robert Laffont, 2003, 301 p.

TOLLE, Eckhart. *Le Pouvoir du moment présent,* Ariane Éditions, 2000, 254 p.

Faites-nous part
de vos commentaires

Assurer la qualité de nos publications est notre préoccupation numéro un.

N'hésitez pas à nous faire part de vos commentaires et suggestions ou à nous signaler toute erreur ou omission en nous écrivant à :

livre@transcontinental.ca

Merci !

Imprimé sur Rolland Enviro 110, contenant 100% de fibres recyclées postconsommation, certifié Éco-Logo, Procédé sans chlore, FSC Recyclé et fabriqué à partir d'énergie biogaz.